幼儿园一日生活保育

陈秀莉 主 编◎

赵小平 副主编◎

李 晨 李子芸 康静焱 参 编◎

电子工业出版社

Publishing House of Electronics Industry

北京·BEIJING

内 容 简 介

本书基于幼儿保育"岗课赛证"综合育人新要求，贯彻"课程思政"要求，以保育典型工作任务与相应的职业能力分析为基本框架，将保育师职业技能等级考证、1+X幼儿照护职业技能等级证书内容有机融入。

本书适合中职幼儿保育专业教师和学生使用。

未经许可，不得以任何方式复制或抄袭本书之部分或全部内容。

版权所有，侵权必究。

图书在版编目（CIP）数据

幼儿园一日生活保育 / 陈秀莉主编. —北京：电子工业出版社，2023.9

ISBN 978-7-121-46243-6

Ⅰ. ①幼… Ⅱ. ①陈… Ⅲ. ①幼儿教育—中等专业学校—教材 Ⅳ. ①G61

中国国家版本馆 CIP 数据核字（2023）第 159783 号

责任编辑：游　陆
印　　刷：三河市龙林印务有限公司
装　　订：三河市龙林印务有限公司
出版发行：电子工业出版社
　　　　　北京市海淀区万寿路 173 信箱　邮编　100036
开　　本：880×1 230　1/16　印张：12.5　字数：320 千字
版　　次：2023 年 9 月第 1 版
印　　次：2023 年 9 月第 1 次印刷
定　　价：37.50 元

凡所购买电子工业出版社图书有缺损问题，请向购买书店调换。若书店售缺，请与本社发行部联系，联系及邮购电话：（010）88254888，88258888。

质量投诉请发邮件至 zlts@phei.com.cn，盗版侵权举报请发邮件至 dbqq@phei.com.cn。

本书咨询联系方式：（010）88254489，youl@phei.com.cn。

前　言

党的二十大报告明确提出，"坚持以人民为中心发展教育，加快建设高质量教育体系，发展素质教育，促进教育公平。加快义务教育优质均衡发展和城乡一体化，优化区域教育资源配置，强化学前教育、特殊教育普惠发展，坚持高中阶段学校多样化发展，完善覆盖全学段学生资助体系。"

随着社会的进步、思想认知的改变，人们逐渐意识到学前教育对儿童成长的重要性。人们对优质学前教育的期盼更迫切、更强烈。在国家的积极推动下，已经实现了学前教育的跨越式发展，圆满完成了普及、普惠目标任务。幼儿园的教育环境和硬件条件得到明显改善，幼儿园教师的学历水平和敬业精神等显著提高。但科学保教的水平、教育过程的质量和教师的专业能力仍有待进一步提高。

"幼儿园一日生活保育"是中等职业学校幼儿保育专业的核心课程，是以幼儿卫生学、幼儿营养学、儿童心理学等为理论依据，研究幼儿在幼儿园的生活护理，以促进幼儿健康、正常生长发育的一门课程。本书内容基于幼儿保育"岗课赛证"综合育人新要求，紧紧围绕高素质技术技能型人才培养目标，以《幼儿园教育指导纲要（试行）》《幼儿园工作规程》《3~6岁儿童学习与发展指南》和幼儿保育专业人才培养方案为指引，以保育典型工作任务与相应的职业能力分析为基本框架，将保育师职业技能等级考证、1+X幼儿照护职业技能等级证书内容融入相关专业理论的学习。同时，以中职学生学情为依据，积极贯彻课程思政要求，自然融入价值观教育、职业道德教育、职业情感教育、职业精神教育等内容。

本书满足"工学结合"育人模式改革需要，体例体现"理实一体"的活页式新形态；由真实保育任务构成学习情境，结合专业教学改革实际和学生思维特点，以保育认知与实践的真问题为引导，从保育师需要具备的四个幼儿园保育基本技能——清洁消毒、生活管理、配合教育活动、安全工作职业行动能力入手；将安全工作要求具备的常规安全措施和防止意外伤害措施融入日常的保育工作中，按照幼儿在园一日生活活动的过程，形成认识幼儿园保育、幼儿园生活环境的清洁与消毒、幼儿生活活动组织与指导、幼儿教育活动协助与指导、幼儿园一日生活保育综合实践五个学习情境；每个情境由情境学习目标、学习导语、工作情境描述引出几个具体的学习任务，细化为学习目标、学习导语、引导案例、学习探究、组织实施、评价反思、测一测七个固定板块；将幼儿生理、心理、营养、沟通、教育等知识与保育规范操作、幼儿行为习惯和独立生活能力的培养以及家园沟通技能融为一体；突出学生对幼儿的细心照护、教育辅助能力以及规范意识、沟通表达、团队合作等综合职业能力与职业素养的培养，让学生在解决问题的过程中进行保育专业知识技能的学习；穿插"小贴士"栏目，体例新颖，形式活泼，内容深入浅出，通俗易懂，力求基本理论与基本技能、课内知识与课外知识相结合，做到科学性、实践性、趣味性相统一。

本书为学习任务提供了配套的微课视频、在线测试题库等学习资源，且视频与图片资源全部源自幼儿园一线及专业教学实践，可听、可视、可练、可互动。立体化教学资源可满足线上、线下混合教学的需要。

本书由国家中等职业教育改革发展示范学校、北京市特色高水平职业院校——北京市昌平职业学校幼儿保育专业教师编写，陈秀莉老师担任主编，赵小平老师担任副主编。编写团队体现园校一体，由学校专业课教师和附属幼儿园一线教师组成，团队成员拥有院校和幼儿园双重教学经验，突出了职业适应性、任务驱动性、实用性、可操作性。其中，学习情境一由李晨编写，学习情境二由李子芸编写，学习情境三由陈秀莉编写，学习情境四由康静焱编写，学习情境五由赵小平编写。行业专家北郡嘉源幼儿园赵娜、于蕾参与教材资源开发。全部书稿汇总后，由陈秀莉负责修改和统稿工作。

在本书的编写过程中，北京市昌平区回龙观镇中心幼儿园特级园长张艳苓审阅了全书并提出了许多宝贵的意见和建议。此外，还得到了电子工业出版社编辑、北京市昌平职业学校领导的支持和鼓励。书中所引用专家、学者、同行的研究成果等资料，除了所列文献之外，未能详尽之处敬请原谅，在此一并表示衷心的钦佩和感谢。

由于编者学术和能力水平有限，加之编写时间仓促，书中错误和疏漏在所难免，敬请各位专家和读者批评指正，以便今后不断修改和完善。

编　者

目 录

学习情境一 认识幼儿园保育 ... 1
1.1 认识幼儿园保育 ... 2
1.2 认识幼儿园保育师角色定位 ... 9

学习情境二 幼儿园生活环境的清洁与消毒 ... 15
2.1 清洁工作 ... 16
2.2 消毒工作 ... 32

学习情境三 幼儿生活活动组织与指导 ... 43
3.1 幼儿来园保育 ... 44
3.2 幼儿盥洗保育 ... 55
3.3 幼儿如厕保育 ... 67
3.4 幼儿进餐保育 ... 76
3.5 幼儿饮水保育 ... 89
3.6 幼儿睡眠保育 ... 98
3.7 幼儿离园保育 ... 110
3.8 幼儿一日生活活动组织 ... 119

学习情境四 幼儿教育活动协助与指导 ... 132
4.1 幼儿园集体教育活动中的保育 ... 133
4.2 幼儿园区域活动中的保育 ... 140
4.3 幼儿园游戏活动中的保育 ... 149
4.4 幼儿户外体育活动中的保育 ... 156
4.5 协助幼儿环境创设 ... 163

学习情境五 幼儿园一日生活保育综合实践 ... 176
幼儿园一日生活保育综合实践准备及实施 ... 177

参考文献 ... 192

学习情境一

认识幼儿园保育

情境学习目标

1. 识记保育、幼儿园保育、保育师、"保教结合"和健康的内涵。
2. 能够正确认识幼儿园保育、保教人员工作的重要性，熟悉保育师的岗位职责。
3. 树立尊重保育工作和依法、依规、科学开展保育工作的职业意识以及对幼儿成长负责的职业责任感。

学习导语

幼儿园保育不是单纯、被动的生活护理，而是要遵循幼儿身心发展规律，培养幼儿独立自主的生活能力，保障幼儿健康、快乐地成长。因此，保教人员必须树立科学的保育观，了解幼儿园保教工作的特点和内容，科学合理地开展幼儿保育工作，从而真正实现保教并重的目标。

工作情境描述

幼儿园是孩子进入社会的第一步，是孩子们的乐园，是由保教老师和幼儿们组成的温暖和谐的大家庭。每天，保教老师要用童心与幼儿交流，用热心去关爱幼儿，用爱心去感动幼儿，用慧心去引导幼儿，用诚心与家长沟通，让幼儿在安全、卫生、整洁、温馨的生活和学习环境中，逐渐增强独立生活、与人交往、自我保护的能力，促进其身心和谐发展。

作为未来的保教老师，就让我们一起来认识这个工作的职责和使命吧！

1.1 认识幼儿园保育

学习目标

1．知识目标：
（1）识记幼儿园保育工作的内涵。
（2）识记幼儿园保育工作的特点和内容。
2．能力目标：能够正确认识幼儿园保育工作的重要性。
3．素质目标：树立"保教结合，保教并重"的现代保育观。

学习导语

教育部发布的《幼儿园工作规程》明确提出："幼儿园是对 3 周岁以上学龄前儿童实施保育和教育的机构。幼儿园教育是基础教育的重要组成部分，是学校教育制度的基础阶段。"幼儿园的任务是："贯彻国家的教育方针，按照保育与教育相结合的原则，遵循幼儿身心发展特点和规律，实施德、智、体、美等方面全面发展的教育，促进幼儿身心和谐发展。"该规程赋予了幼儿园保教幼儿和服务家长的双重任务。幼儿园环境如图1-1所示。

图1-1 幼儿园环境

引导案例

小李是今年学前教育专业的大学应届毕业生，她从学校为毕业生提供的幼儿园招聘保教老师的信息中选择了离家较近，自己认为条件不错的××幼儿园投了简历。接到面试通知后，她通过幼儿园官网，了解了幼儿园的历史、办园理念；面试时她化了淡妆，穿着一身休闲合体的运动装，提前 20min 到达面试地点。

幼儿园的王园长接待了她。园长先带她在幼儿园教学楼和室外活动场地走了走，一边走一边问她之前在其他幼儿园实习的情况和对本幼儿园的看法，并明确幼儿园实行"三教轮保"的工作模式，新老师都要先从保育师岗位做起。王园长询问小李是如何看待保育师工作岗位的。小李回答说，她认为保育师岗位非常重要，从事保育工作可以让自己熟悉保育工作的内容、流程、规范，不断提高自己的实际操作技能；同时，零距离接触幼儿的日常生活，发现幼儿在生理和心理上的问题，结合自己的理论知识加以分析和研究，养成活学活用的教学习惯，更好地实现"保教一体"。王园长对她的回答非常满意，当即表示面试合格，进入入职手续办理阶段。

你认为小李为什么能够顺利通过面试？你了解幼儿园保育工作吗？

学习探究

一、基本概念

（一）保育

保育是成人（家长或保教人员）为 0~6 岁儿童提供生存与发展的环境和物质条件，并给予精心照顾和培养，以帮助幼小儿童获得良好的发育，逐渐提高其独立生活的能力。保育包括对婴幼儿的身体、心理以及社会适应能力的保护和培养。

（二）幼儿园保育

幼儿园保育是在科学的学前儿童保育观念、保育原理的指导下，对幼儿身心发展进行全面指导、培育、呵护的综合性工作，是将对幼儿的教育融合到其一日生活中，维护幼儿心理健康，培养幼儿良好的社会性。

（三）保育师

保育师是指在托育机构及其他保育场所中，从事幼儿生活照料、安全看护、营养喂养和早期发展工作的人员。根据 2021 年修订的《国家职业技能标准：保育师（2021 年版）》，本职业共设五个等级，分别是五级/初级工、四级/中级工、三级/高级工、二级/技师、一级/高级技师。

（四）保教结合

保教结合是一个整体概念，"保"和"教"是幼儿园教育整体的不同方面，其中，"保"就是保护和促进幼儿的健康；"教"即幼儿园的教育、培养、养育，两者之间相互结合，互相渗透，共同对幼儿产生影响。保教结合是我国幼儿园保育必须遵循的原则。

（五）健康

《3～6岁儿童学习与发展指南》提出，健康是指人在身体、心理和社会适应方面的良好状态。发育良好的身体、愉快的情绪、强健的体质、协调的动作、良好的生活习惯和基本生活能力是幼儿身心健康的重要标志，也是其他领域学习与发展的基础。

二、幼儿园保育工作的重要性

科学的保育工作对幼儿、家庭、社会与整个民族未来的发展都有不可估量的价值，幼儿保育和教育工作开展的质量和速度越来越受到全社会的关注和重视。幼教一线的工作人员，应严格按照《幼儿园工作规程》和《幼儿园教育指导纲要（试行）》提出的要求，明确幼儿园是实施保育和教育的机构，坚持保教结合原则，凸显幼儿的主体地位，为幼儿成长创造良好的条件，促进幼儿个性发展。现代保育观的核心思想是以儿童为本，保障和促进学龄前儿童的身心全面、和谐发展。

作为未来的一线保教老师，你知道为什么人们要如此重视幼儿园的保育工作吗？请认真思考后填写表1-1幼儿园保育工作的重要性并进行分享交流。

表1-1　幼儿园保育工作的重要性

序号	重要性	
1	对幼儿的价值	
2	对家庭的价值	
3	对社会的价值	
4	对民族未来的价值	

（一）对幼儿的价值

科学的保育工作是幼儿生存、健康成长的必要保障。良好的早期教育对促进幼儿的健康发展，让幼儿获得幸福快乐的童年具有重要的意义。

（二）对家庭的价值

科学的保育工作对家庭的价值体现在两个方面：一方面是通过对家庭的指导、对幼儿的保教来提高幼儿的生活质量和发展水平；另一方面是通过帮助家庭培养出优秀的下一代，从而改善整个家庭的生活质量，为家庭带来希望。

（三）对社会的价值

学龄前儿童的身体、智能、道德和心理情感都在人生最关键的发展期，如果幼儿从出生开始就能够得到科学的保育和饱含着爱与温暖的教育，那么就能够为他们奠定良好的人生基础，这样有利于整个社会的长期稳定和发展。

（四）对民族未来的价值

幸福的人生由童年起始，强大的祖国由一代接一代的人去建设。未来社会，人是最宝贵的资源。人的培养离不开教育，而儿童的成长离不开保教人员的专业工作与辛勤劳动。科学的保育为幼儿身心健康提供保障，为祖国培育出身体强健、品格坚毅、道德高尚、心理健康的下一代，为儿童日后刻苦求学、长大后建设祖国夯实基础，是利国利民、成就个人幸福的伟大事业。

三、幼儿园保育工作的特点

幼儿期是人一生发展的初始阶段，由于幼儿身心发展尚未成熟，其身体发育与认知发展均有着特殊的规律性。因此，幼儿保育工作应从幼儿的身心发展规律出发，根据幼儿保育工作的特点，科学有效地实施保育工作。

（一）专业性

保教人员是具备专业知识、专业技能和职业资格的从业人员。幼儿园保教人员包括专任教师和保育师。专业性是保教人员最基本的特征，是保教人员的从业保障。保教人员既要掌握卫生保健、医学常识、婴幼儿养育等与幼儿身体发育、成长有关的专业知识技能，还要掌握教育学、心理学等与幼儿心理健康、全面发展有关的知识技能，是与普通教师、家长不同的专业人员。

（二）规范性

保教人员开展保育工作，必须依照国家、政府、幼儿园等各级教育主管部门与各类型的教育托幼机构的政策法规、规章制度进行操作。保教人员在从业前与工作中，要不断地学习各种政策法规和规章制度，照章办事，规范操作，不能按照自己的喜好、习惯进行工作。

（三）人文性

保教人员要时刻谨记，自己工作的对象是人，是一个一个值得关爱的、鲜活的幼小生命。离开了保教人员的精心呵护，幼儿就无法健康成长。因此，保教人员应当遵循幼儿发展的普遍规律，关注幼儿的个体差异，因材施教，使每个幼儿都得到适宜的保育，从而健康成长。保教工作是需要用心、用爱投入的工作,是复杂的工作,同时也是辛苦的工作。

(四)综合性

幼儿园保育工作是全面的,与日常生活相融合。保教人员应坚持"一日生活皆课程"的理念,牢记"保教结合"的原则,根据幼儿年龄特点实施有针对性的教育,将科学的保育知识真正转化为实际的保育行为,渗透到幼儿日常生活的方方面面,真正做到保育与教育相互渗透;重视并抓好物质与精神双重环境的创设,发挥环境的保育功能。幼儿园要主动与幼儿家庭密切合作(如图1-3所示),树立一致的保育观,才能有效地、系统地对幼儿实施保育,实现促进幼儿身心健康、全面发展的目标。

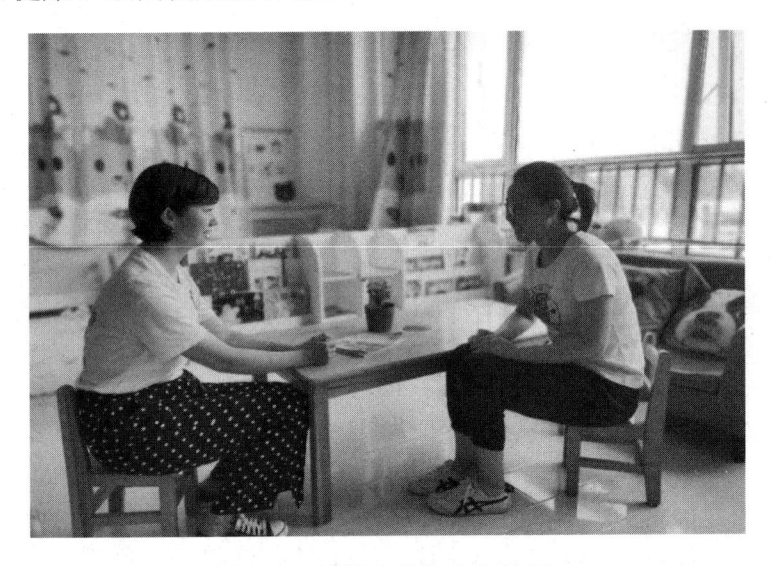

图1-3 保教人员与家长沟通

四、幼儿园保育工作的内容

保育工作的根本目的是在活动中保护和促进幼儿的身体健康和心理健康。幼儿在园的一日活动主要包括生活活动和学习活动,而所有活动都是在幼儿园的环境中进行的。

按照幼儿一日生活可以将幼儿园保育工作分为环境中的保育、生活活动中的保育以及学习活动中的保育。

(一)环境中的保育

1. 营造安全、卫生、整洁、温馨的生活和学习环境。
2. 创设平等、尊重、友爱、和谐的人际交往环境。
3. 培养幼儿保护环境的良好习惯,初步树立幼儿的环保意识。
4. 定期优化墙面创设等保育环境。

(二)生活活动中的保育

1. 为幼儿提供安全、卫生、营养均衡的科学膳食。
2. 密切关注幼儿的身体状况和需要,保证幼儿的安全和健康。
3. 善于观察幼儿的情绪和行为,减少幼儿不良情绪的产生和纠正幼儿不健康的行为。

4．培养幼儿独立自主的生活自理能力，让幼儿养成良好的生活卫生习惯。

5．培养幼儿爱劳动和爱护班级公共物品的好习惯。

（三）学习活动中的保育

1．通过学习活动中的保育，培养幼儿的社会适应能力。

2．在学习活动中培养幼儿良好的学习习惯，引导幼儿遵守活动规则。

3．活动中关注幼儿的健康状况，保证幼儿的安全，培养幼儿的自我保护意识。

4．帮助幼儿树立自信心，鼓励幼儿保持乐观的情绪，能与同伴友好交往。

组织实施

一、小组成员共同梳理幼儿园保育工作内容及认识，研讨达成共识，以思维导图的形式呈现。

二、小组代表结合思维导图，进行引导案例分析交流。每组派1~2名代表进行展示，组内其他成员可以辅助回答其他小组同学提出的问题。

评价反思

表1-2　认识幼儿园保育任务评价单

评价项目	评价要求	星级
内容	全面	☆☆☆
小组协作	所有成员参与度	☆☆☆
	思维导图完成情况	☆☆☆
	组员倾听和辅助答疑	☆☆☆
代表展示	仪容仪表	☆☆☆
	思路清晰	☆☆☆
	语言表达流畅，声音洪亮，有亲和力	☆☆☆

备注：优秀涂3颗星，良好涂2颗星，达标涂1颗星，未达标不涂星。

测一测

一、判断题（将答案写在括号内，正确的打"√"，错误的打"×"）

（   ）1．幼儿园教育是基础教育的重要组成部分，是学校教育制度的基础阶段。

（   ）2．"保教结合"是幼儿园工作的基本原则。

（   ）3．科学的保育工作对幼儿、家庭、社会与整个民族未来的发展都有不可估量的价值。

（   ）4．幼儿园保育工作只要保教人员尽心尽力做好就行，和幼儿家长无关。

（   ）5．我国学前教育的根本任务是要"为幼儿上小学打好基础"。

二、单项选择题（从给出的选项中选出一个正确选项的字母填在括号内）

1．(   )是保教人员最基本的特征，是保教人员的从业保障。

    A．专业性   B．规范性

    C．人文性   D．综合性

2．《幼儿园工作规程》要求幼儿园(   )。

    A．贯彻国家的教育方针

    B．按照保育与教育相结合的原则，遵循幼儿身心发展特点和规律

    C．实施德、智、体、美等方面全面发展的教育，促进幼儿身心和谐发展

    D．以上都是

三、拓展题

西安幼儿园"病毒灵"事件案例：2014年3月，西安两家幼儿园被曝出在未告知家长的情况下，长期给园内幼儿集体服用抗病毒药物"病毒灵"。不少孩子被发现存在头晕、腿疼、肚子疼等相同症状，引发众多家长的强烈不满。事件曝光后，公安机关初步查明，幼儿园方面为提高幼儿出勤率，增加幼儿园的收入，从2008年起即开始购入处方药品违规给幼儿服用。公安机关依法对两所幼儿园的多名相关责任人采取强制措施。当地教育主管部门从区内抽调保教人员进驻涉事幼儿园开展保教工作。

请以保教人员的身份，思考此事件对幼儿、家长、幼儿园、行业、政府所产生的危害和不良影响，以及我们应当从中吸取哪些教训，以便在今后更好地开展幼儿园保育工作。

1.2 认识幼儿园保育师角色定位

学习目标

1．知识目标：
（1）识记幼儿园保育师的主要工作职责。
（2）识记保育师职业道德与文明礼仪要求。
2．能力目标：能够正确认识幼儿园保育师的角色定位。
3．素质目标：树立对保育工作的尊重和依法、依规、科学开展保育工作的职业意识，以及对幼儿成长负责的职业责任感。

学习导语

《幼儿园工作规程》第四十二条明确指出，"幼儿园保育师应当符合本规程第三十九条规定"，即"幼儿园教职工应当贯彻国家教育方针，具有良好品德，热爱教育事业，尊重和爱护幼儿，具有专业知识和技能以及相应的文化和专业素养，为人师表，忠于职责，身心健康。幼儿园教职工患传染病期间暂停在幼儿园的工作。有犯罪、吸毒记录和精神病史者不得在幼儿园工作"。同时"应当具备高中毕业以上学历，受过幼儿保育职业培训"。2013 年出台的《幼儿园教职工配备标准（暂行）》规定，"幼儿园应根据服务类型、幼儿年龄和班级规模配备数量适宜的专任教师和保育师，使每位幼儿在一日生活、游戏和学习中都能得到成人适当的照顾、帮助和指导。全日制幼儿园每班配备 2 名专任教师和 1 名保育师，或配备 3 名专任教师；半日制幼儿园每班配备 2 名专任教师，有条件的可配备 1 名保育师。"幼儿园班级规模及专任教师和保育师配备标准见表 1-3。

表 1-3　幼儿园班级规模及专任教师和保育师配备标准

年龄班	班级规模/人	全日制 专任教师/人	全日制 保育师/人	半日制 专任教师/人	半日制 保育师/人
小班（3～4 岁）	20～25	2	1	2	有条件的应配备 1 名保育师
中班（4～5 岁）	25～30	2	1	2	有条件的应配备 1 名保育师
大班（5～6 岁）	30～35	2	1	2	有条件的应配备 1 名保育师
混龄班	<30	2	1	2～3	有条件的应配备 1 名保育师

引导案例

小二班是由3位老师和25位小朋友组成的大家庭,3位老师中年龄最大的王老师经验丰富,讲起故事来像"金龟子";年龄次之的李老师多才多艺,吹拉弹唱样样精通;最年轻的康老师是刚毕业的大学生,设计的游戏活动总能激发起小朋友的参与热情。3位教师在开学前根据幼儿的预报名情况制订了班级的工作计划。开学后按照幼儿园实行的"三教轮保"模式,3位老师分别承担了1个月的保育师工作。保育老师在做好环境卫生工作的同时,还配合开展教学活动。在保育老师培养幼儿吃、喝、睡等各种生活自理能力时,其他两位老师也同样进行配合。在这个过程中不仅每个人的专业能力提高了,小二班的各项工作在全园的月评价考核中也始终名列前茅。

你觉得3位老师为什么能够在短短3个月时间,就让小二班的幼儿有了班级的归属感,都能高高兴兴地来上幼儿园?

学习探究

一、认识现代保育观对保育师角色的要求

随着时代的进步,保育工作的要求"不再局限于对幼儿身体的保护和生活的照顾",要求遵循"保教结合"原则,将"对幼儿的教育融合到一日生活中,维护幼儿心理健康,培养幼儿良好的社会适应性",保育工作的内容"从幼儿园内清洗设备设施扩展到幼儿的一日生活作息、游戏、教学活动中"。这就要求保育师在保育工作的观念层面,对保育的目的、工作范围,以及保育师角色的认识,重新进行科学定位。

《北京市贯彻〈幼儿园教育指导纲要(试行)〉实施细则》指出:"保育师也是教育工作者,其行为同样对幼儿具有潜移默化的影响。"保育师是与幼儿园教师分工不同的学前教育工作者。保育工作涉及的每一个细节都有科学规范的要求。在保育工作的行为层面,保育师要关注一日生活、游戏、教育教学、环境创设等方面,学会"在保育工作中发现教育资源,开展随机教育"。因此,保育师在幼儿成长和发展过程中,扮演着照顾者、教育者等多种角色,对孩子的身心健康、行为习惯以及个性、情感等各方面都有着深刻的影响。保育师负责班级的保育工作,要全面落实各项工作内容,将"保教结合"原则真正落到实处。

二、认知幼儿园保育师的主要工作职责

保育师的专业职责主要有清洁消毒、生活管理、配合教育活动、安全工作四项。《幼儿园工作规程》第四十二条规定的幼儿园保育师的主要职责如下:

(一)负责本班房舍、设备、环境的清洁卫生和消毒工作;

（二）在教师指导下，科学照料和管理幼儿生活，并配合本班教师组织教育活动；

（三）在卫生保健人员和本班教师指导下，严格执行幼儿园安全、卫生保健制度；

（四）妥善保管幼儿衣物和本班的设备、用具。

三、认知幼儿园保育师的职业道德与文明礼仪

保育师的工作对象是各方面都尚未定型、可塑性很强的学龄前儿童，其主要工作侧重在保育方面，同时要协助教师完成教育和教学任务，要处理好儿童、集体、学校、家长等各方面的关系。保育工作的每一道程序、每一个环节，都有科学的规范和要求。保育师执行的好坏不仅关系着幼儿的身体健康，还关系着幼儿心灵和心理的健康。由于幼儿年龄小，是非分辨能力、心理承受和自我保护能力差，因此更是要求保育师具备高尚的职业道德修养，这样保育师才能在工作中不折不扣地按照职业道德规范去做，高质量地完成保教任务。

保育师的职业道德是保育师在教育、教学活动中应当遵循的行为规范的总和。从广义上讲，保育师的职业道德包括教师的职业道德、职业精神、思想观念、道德品质等属于意识形态领域的诸多内容。随着社会、经济的发展及素质教育的要求，其内涵又增加了培养创造性、开拓性、实践性人才等更丰富的内容。今天的保育师不但应有科学的人生观、世界观、价值观，无私奉献的敬业精神，良好的职业道德和健康的心理素质，还要努力拥有新时代所推崇的新思想、新观念及具有时代特点的先进道德意识。《国家职业技能标准：保育师（2021年版）》规定的职业守则如下：

（1）品德高尚，富有爱心。

（2）敬业奉献，素质优良。

（3）尊重差异，积极回应。

（4）安全健康，科学规范。

由此可见，好的保育师一定是忠于国家、热爱孩子、乐于奉献的人；是遵纪守法、善于协作、勤于学习的人；是对自己所从事的职业有正确的认识，并能自觉自愿去提升职业技能和提高职业道德素养的人。

保育师文明礼仪要求保育师衣着整洁朴素，不穿奇装异服，不戴首饰，不化浓妆，不留长指甲，仪态端庄；言谈举止文雅大方，谦虚谨慎，与人为善，以身作则，起到良好的示范作用。

四、探索优秀保育师的修炼历程

保育师的工作对象是活跃又易受外界影响、可塑性很强的学龄前儿童。这些儿童处于身体、智力、品德、行为等各方面发展的关键时期。在进入幼儿园后，保育师是他们接触最多的人，也可以说是对其影响最大的人之一。保育师的榜样作用是家庭和父母无法取代的。怎样才能成为新时期的一名优秀的保育师呢？

（一）有爱心，认可自己的职业，有职业发展规划

对孩子充满爱心是做好保育师的关键。保育师要用爱心浇灌孩子的心灵，培养孩子良好的生活习惯。教育无小事，每一件琐碎的事情都与幼儿的安全健康、快乐成长相关联，保育师的工作直接影响着教育的效果，这是一种非常神圣的使命。保育师应根据自己的年龄特点、文化程度、教育经验、个性特点等情况，从实际出发，制定个性化的发展目标，例如，可以参加"初级工"—"中级工"—"高级工"—"技师"—"高级技师"保育师的评职流程，不断提高自身的专业水平，为个人的职业发展打好基础。

（二）有责任感，自觉地遵守职业道德规范要求

《幼儿园教育指导纲要（试行）》明确指出："幼儿园必须把保护幼儿的生命和促进幼儿的健康放在工作的首位。"保育师肩负着培养孩子身心健康、促进孩子心理和社会适应性发展的重任。保育师在幼儿的心中享有崇高的威望，是幼儿直接模仿学习的对象，因此，保育师要自觉地遵守职业道德规范，认真把职业守则落到实处，并将其逐步内化为自身的职业道德信仰，促进自身实践的提升。

（三）有专业素质，树立终身学习的理念

保育师要主动更新保育和教育观念，定期参加专业技能的培训，学以致用，学习和探索适合幼儿的保育知识、保育方法；树立正确的职业道德观，在工作中学会观察幼儿，以幼儿健康成长为出发点，将理论渗透到幼儿保育工作中，提高专业素养。

（四）有"绿叶"意识，贯彻保教结合的原则

配合班级工作是由保育师工作性质决定的，也就决定了保育师的"配角"地位。甘愿做好"绿叶"是保育师的基本素质。主动协助教师做好环境布置和教学准备工作，引导孩子顺利完成教学活动；主动与家长沟通交流，了解孩子在家里的表现，向家长宣传幼儿生活常规及卫生习惯的要求，寻求家长的配合和支持，形成教育合力。在幼儿生活自理能力培养的过程中，主动与班级教师沟通探讨，采取有效措施帮助幼儿养成良好的饮食卫生习惯。通过日常生活中与教师的保教实践，将保教结合落到实处，促进幼儿健康发展。

组织实施

一、结合引导案例，谈谈你对保育师角色定位和成为优秀保育师的认识，小组成员共同梳理达成共识，以思维导图的形式呈现。

二、小组代表结合思维导图，进行引导案例分析交流。每组派 1~2 名代表进行展示，组内其他成员可以辅助回答其他小组同学提出的问题。

评价反思

表 1-4　认识幼儿园保育师角色定位任务评价单

评价项目	评价要求	星级
角色定位	准确	☆☆☆
	主要职责表述	☆☆☆
	职业道德与文明礼仪	☆☆☆
	个人成长规划	☆☆☆
小组协作	所有成员参与度	☆☆☆
	思维导图完成情况	☆☆☆
	组员倾听和辅助答疑	☆☆☆
代表展示	仪容仪表	☆☆☆
	思路清晰	☆☆☆
	语言表达流畅，声音洪亮，有亲和力	☆☆☆

备注：优秀涂 3 颗星，良好涂 2 颗星，达标涂 1 颗星，未达标不涂星。

测一测

一、判断题（将答案写在括号内，正确的打"√"，错误的打"×"）

（　　）1. 保育师应当具备初中毕业以上学历，受过幼儿保育职业培训。

（　　）2. 全日制幼儿园每班配备 2 名专任教师和 1 名保育师，或配备 3 名专任教师。

（　　）3. 保育师只需要科学照料和管理幼儿生活，不用配合本班教师组织教育活动。

（　　）4. 保育师在幼儿成长和发展过程中，扮演着照顾者、教育者等多种角色。

二、单项选择题（从给出的选项中选出一个正确选项的字母填在括号内）

1. 《国家职业技能标准：保育师（2021 年版）》规定的职业守则是（　　）。

　　A. 品德高尚，富有爱心　　　　B. 敬业奉献，素质优良

　　C. 尊重差异，积极回应　　　　D. 安全健康，科学规范

　　E. 以上都是

2. 保育师文明礼仪要求衣着整洁朴素,(　　)。

    A. 不穿奇装异服　　　　　　B. 不戴首饰,不化浓妆

    C. 不留长指甲　　　　　　　D. 以上都是

3. 优秀保育师的成长需要(　　)。

    A. 有爱心　　　　　　　　　B. 有责任感

    C. 有专业素质　　　　　　　D. 有"绿叶"意识

    E. 以上都是

学习情境二

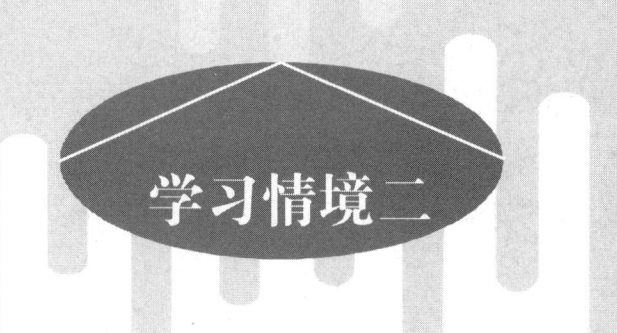

幼儿园生活环境的清洁与消毒

情境学习目标

1. 识记幼儿园班级环境清洁和物品清洁及消毒的工作细则。
2. 能够严格按照行业的规范程序、操作要求，模拟完成各区域的清洁和消毒工作，养成良好的卫生习惯。
3. 感悟幼儿园保育师清洁工作对幼儿教育中"保教合一"教育思想的渗透，树立一切活动为幼儿健康成长负责任的职业服务意识。

学习导语

清洁与消毒是托幼园所减少疾病发生和防止传染病传播的有效措施。为入园儿童提供整洁、安全、舒适、健康的环境，有效地促进儿童的健康成长，适时地进行清洁与消毒措施是非常重要的。本情境主要介绍幼儿园环境与物品的清洁、消毒方法和保育师担负的清洁、消毒工作的主要内容、工作流程及相应技能。

工作情境描述

幼儿园是幼儿一日生活的重要场所，幼儿园生活环境主要包括由班级活动室、盥洗室、睡眠室等空间和日常用品玩具、教学用品、设备设施等构成的幼儿能够触及到的所有地方。

由于幼儿在身体发育、自我照料和独立生活等方面缺乏相应的生活经验和自理能力，又有强烈的求知、好奇的天性，因此需要保教老师为幼儿营造一个安全、卫生、舒适、整洁的园所环境，高标准、高质量的清洁与消毒工作是预防和控制传染病的重要途径，幼儿园的清洁与消毒工作容不得丝毫的疏忽和大意，需要保教人员从每一个细节做起，按照相关文件、规范要求，对场地、物品进行认真清洁与消毒，为幼儿的健康成长提供强有力的保障，保护幼儿身心健康，促进幼儿全面发展。

2.1 清洁工作

2.1 微课视频：
清洁双手（保育师）

学习目标

1．知识目标：
（1）识记幼儿园班级环境清洁和物品清洁的工作程序、基本方法和要求。
（2）识记幼儿园环境与物品清洁工作的主要内容及相应技能要点。
2．能力目标：
（1）能按照各区域的清洁工作流程及操作步骤，独立完成对应区域的清洁工作。
（2）能全天维持各区域环境的整洁卫生，为幼儿园教育工作的顺利开展提供卫生保障。
3．素质目标：
（1）体验保育师在幼儿园活动室、盥洗室及睡眠室的清洁工作中科学、严谨、细心的工作态度。
（2）感悟幼儿园保育师清洁工作对幼儿教育中"保教合一"教育思想的渗透。

学习导语

幼儿园的卫生保健工作是幼儿园工作中的一个重要组成部分，让每一个孩子健康成长是幼儿园的首要责任。特别是"手足口病""疱疹性咽峡炎"等传染病流行期间，做好日常清洁尤为重要。

引导案例

今天是小张第一天到幼儿园实习，她被分配到了小二班进行保育实习工作。简短交接后，她便开始了一天的清洁工作。晚上回家后，小张按照幼儿园各清洁区域的工作要求，对保育师的清洁工作进行了回顾和整理，见表2-1。

表 2-1　幼儿园保育师一日工作流程及内容——清洁部分

区域	工作时间	使用工具	物品名称	清洁步骤	注意事项
活动室	幼儿入园前				
盥洗室	幼儿入园前、如厕前后				
睡眠室	午睡前后				
备注					

请同学们认真学习教材内容，帮助小张将表格填写完整吧。

学习探究

一、清洁活动室

（一）活动室清洁工作程序

开窗通风→擦拭灯具→清洁墙壁→擦拭门→擦拭窗→清洁玩具柜→擦拭桌椅→清洁教学设备（白板、计算机、钢琴等）→清洁地面→摆放物品→清洁抹布、拖布。

注意： 如果幼儿园安装了新风系统，还应该对照要求更换或者刷洗滤芯。

（二）活动室清洁准备工作

1．穿好工作服

工作服一般为轻便适合运动的衣服，如幼儿园园服或运动装。有的幼儿园要求保育师穿着隔离衣，要求全部扣好扣子，头发全部塞进工作帽。

2．准备清洁用品和工具

活动室专用棉干抹布、棉半干抹布、棉湿抹布各 1 块，旋转拖布 1 把、物品消毒水桶 2 个、消毒液 1 瓶、洗涤灵 1 瓶、钢丝球 1 个、簸箕 1 个、扫帚 1 把。

（三）活动室扫除的规则

1．扫除时间

大扫除每月进行两次，小扫除每天进行。常规清洁时间为教育活动前后及进餐前后。

常规清洁一般指擦拭桌子（清→消→清）、扫地、拖地（幼儿进餐时不许扫地或拖地）。

2．扫除顺序

小扫除的工作顺序：擦拭水杯格、窗棂、窗台、门（框）、玩具柜、教学设备、桌椅、地面，摆放桌椅。

大扫除的工作顺序：消毒牙杯牙刷、消毒玩具、清洗窗帘、清洁公共卫生区。

3．具体的工作要求

（1）按照从上至下、从左至右、从里向外的顺序擦拭，注意擦除死角的灰尘。

（2）地面干净、无灰尘污物，物品摆放整齐。

（3）窗明几净，室内家具用品清洁、无尘、无擦痕。

4．活动室扫除的注意事项

（1）死角的灰尘也需清除干净，不留死角。

（2）清扫垃圾后使用半干的拖布扫地，随脏随擦，随时保洁。

（3）用消毒液擦拭地面，滞留 10~15min 后再使用清水擦拭一遍，以防消毒液残留。

（4）每把拖布做好使用区域标志，以便与卫生间的拖布相区分。

（5）清洗拖布，清洗后将拖布悬挂晾晒，放置的位置应避开幼儿，拖布要保持干燥。

（四）开窗通风的具体方法及时间

开窗通风是一种引入新鲜空气以降低室内空气污染物浓度，并调节室内温度和湿度的有效手段。保持室内空气的清洁与新鲜非常重要，保育师需要结合季节、天气情况、室内人员流动情况和房间的用途等因素确定开窗通风的时间、打开窗户的数量以及开窗的大小。

1．各个季节对开窗通风的要求

（1）春季、秋季：室内外温度相近时，无大风、大雨、扬沙、雾霾等异常天气，可以全天开窗通风。

（2）夏季：一般全天开窗，使用空调的房间应做到每半日通风一次，通风的时间一般为 10~15min/次，室内温度不得低于 26℃，室内外温差不得超过 7~10℃。如果没有配备空调，可采用打开电扇、开窗对流和地面洒水的方式进行降温。

（3）冬季：至少达到每半日通风一次，通风时间一般为 10~15min/次，室内温度保持在 18~20℃为宜。如果室内取暖设备比较完善，可整日开着一扇小窗户，确保良好的空气质量。幼儿离开活动室进行户外活动时，可打开大窗通风。

以上开窗通风工作皆在室外空气质量优良的情况下开展，雾霾、沙尘等恶劣天气下则不能开窗。有条件的幼儿园可启用新风系统净化室内空气。在呼吸道传染病多发时期，应加强通风次数和通风时间。

2．天气情况对开窗通风的要求

（1）室温过高或过低时：应适当减小通风窗口，缩短通风时间。幼儿离开室内时应提前打开窗户，将要回到室内时提前关闭窗户，以缩小室内外温差，保证室内外温度变化循序渐进。

（2）风大时：应及时关闭窗户，避免吸入灰尘造成室内空气污染。风停后，及时打开窗户进行通风换气。

（3）下雨时：应及时观察风向，确定哪个方向的窗户溅雨，及时将溅雨的窗户关闭，继续开放不淋雨的窗户。雨停后，应打开尽可能多的窗户，让幼儿呼吸到更多的新鲜空气。

（4）雾霾天：禁止开窗通风，按要求使用新风系统、空气净化器等，等雾霾散去后再开窗通风。

3．不同用途的房间对开窗通风的要求

（1）活动室：室内外温差较大时，应在幼儿户外活动时进行活动室的通风。

（2）睡眠室：开窗通风的时间应在幼儿睡眠前后，睡眠时间如需通风，则应避免空气对流，禁止对着幼儿直吹。

（3）盥洗室：为保证盥洗室内无异味，防止空气污染和地面过度湿滑，只要天气允许，盥洗室应保持全天开窗通风。

4．开窗通风的重要性

（1）氧气更充足。

经常开窗通风，能够保持室内空气新鲜流通，新鲜空气里有充足的氧气，能促进人体新陈代谢，对幼儿身体的生长发育都是有利的，而且能够令人的头脑更清醒，不会昏昏沉沉。

（2）减少室内细菌、病毒。

室内空气如果不流通，就会滋生大量的可能致病的细菌、病毒等微生物，这些微生物会悬浮在空气中。而经常开窗通风换气，能够减少室内的细菌、病毒，降低幼儿患病概率。

（3）减少室内有害气体、灰尘。

日常生活中，烟尘及家具、油漆涂料等会挥发出来一些微小的有害物质；还有计算机、电视机等启动后元件也会挥发出一些有害物质。只有经常开窗通风换气，才能够减少室内有害气体、灰尘，避免这些物质影响到幼儿的呼吸道以及肺部的健康。

二、清洁盥洗室

（一）盥洗室清洁工作程序

开窗通风→清理污物→冲洗便池、水池→清洁门（框）、墙壁、镜子及柜子→清洁水杯和毛巾→清洁牙刷→清洁地面→摆放经过消毒的杯子，一人一杯→换上洗净消毒后的毛巾，一人一巾→摆放卫生纸和香皂（洗手液）→倾倒垃圾，清洁双手。

（二）盥洗室清洁准备工作

1．穿好工作服

穿好工作服装（一般为幼儿园园服或指定服装），戴上橡胶手套。

2．准备清洁用品和工具

化纤或棉干抹布3块、化纤或棉湿抹布3块、钢丝球3个、旋转拖布1把、清洁盆3个、洗涤灵1份、消毒剂或消毒液1份、洁厕灵1瓶、暖壶1个、马桶毛刷及立桶1套。

（三）盥洗室清洁工作要求

1．清洁、通风、无味、无蚊蝇。

2．水池下水处无头发、无污物。

3. 及时冲洗便池、马桶，便池和马桶无尿碱、无臭味。

4. 地面干燥、无积水、无污渍，室内无垃圾堆放。

三、清洁睡眠室

（一）睡眠室清洁工作程序

清洁床体→幼儿睡眠→叫醒幼儿，拉开窗帘→幼儿穿衣离开后开窗通风→整理床单、褥子→叠被→拖地。

（二）睡眠室清洁准备工作

1. 穿好工作服

2. 准备清洁用品和工具

干抹布 2 块、半干抹布 1 块、湿抹布 1 块、拖布 1 把、清洁盆 1 个、扫床刷 1 把，另备布套若干。

（三）睡眠室清洁工作要求

要求室内空气新鲜，床单平展，被子叠放整齐，床架和地面擦拭干净，无灰尘，无擦痕。

组织实施

一、清洁活动室

1. 开窗通风（如图 2-1 所示）

2. 清洁纱窗

每天清洁纱窗，做到无尘土。步骤：用两块湿抹布在纱窗的内外两侧相对擦拭，清除尘土，然后用清洁的湿抹布擦拭干净。

3. 清洁窗户

日常清洁窗棂及窗台（如图 2-2 所示），保持清洁、无尘状态。每两周清洁一次窗户玻璃，使之干净，无擦痕。

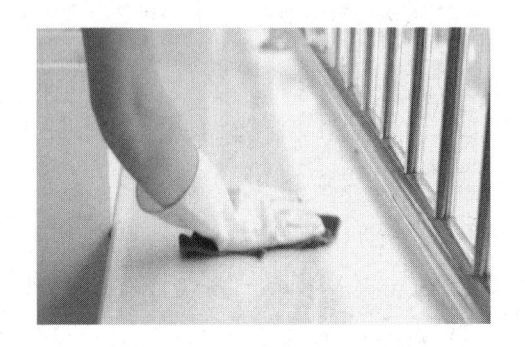

图 2-1　开窗通风　　　　　　　　图 2-2　清洁窗棂及窗台

（1）用干净的半干抹布擦拭窗棂、窗台、暖气罩，暴露在外的暖气还要擦拭暖气管和暖气片。

（2）用干净的湿抹布和干抹布分别擦拭玻璃，使之无尘土、无擦痕。

4．清洁门框、门把手、门玻璃

每天至少清洁一次门框和门把手，使其干净无痕。每两周擦拭一遍门玻璃，使之干净，无水渍、污渍和擦痕。

（1）擦拭门框、边棱时，要从上到下，用干净的半干抹布擦拭。

（2）擦拭门主体部分的正反两面时，要从上到下，用干净的半干抹布擦拭。

（3）擦拭门把手时，先用干净的湿抹布擦一遍，再用经消毒液泡过的湿抹布擦拭一遍并滞留10~15min，最后用干净的半干抹布擦一遍。

5．清洁墙壁

每日在幼儿入园前或离园后擦拭一次墙壁。为了避免室内尘土飞扬，先用湿抹布擦拭瓷砖围墙，再用干抹布擦拭去水渍。

注意：如果墙面粘贴不织布，请按幼儿园规定清洁墙面。

6．清洁玩教具

每日清洁一遍玩具柜和玩具筐，将玩具及玩具筐摆放整齐。每周清洁、消毒一遍玩具。

（1）用干净的半干抹布将玩具柜内外侧各擦拭一遍，将尘土擦去（如图2-3所示）。

图2-3 擦拭玩具柜

（2）用干净的半干抹布擦拭一遍盛放玩具的玩具筐，将尘土擦去。

（3）按玩具的材质种类对其进行分类清洁。

（4）把玩具分类收纳到对应的玩具筐中，并将玩具和玩具筐摆放整齐。

注意：

（1）对于积木、积塑等结实、坚固的玩具，一般用清水冲洗后，再用消毒液浸泡20min，最后用清水将玩具冲洗干净（如图2-4所示），放置在幼儿园指定的地方晾晒（如图2-5所示）。等玩具完全干燥后将其取回并摆放整齐。

图2-4　冲洗玩具 　　　　　　图2-5　晾晒玩具

（2）对于纸板书等图书，要先用半干抹布将其表面的尘土及污物擦拭干净，然后在日光下进行不低于6h翻晒（如图2-6所示），最后将图书收纳入柜（如图2-7所示）。

图2-6　翻晒图书 　　　　　　图2-7　图书收纳入柜

（3）对于毛绒玩具、手偶等织物类的玩具，要先用洗衣粉将污渍清洗干净，再将物品放置在日光下晾晒至干燥，最后将物品归类并整齐摆放在玩具柜及对应的活动区角。

7. 清洁桌椅

桌椅每日至少清洁一遍，桌子每餐前必清洁，采用"清→消→清"的清洁消毒方法。

（1）第一遍擦拭时，要用干净的湿抹布将桌面完整擦拭一遍（如图2-8所示）。油污处要用抹布蘸洗涤灵重点擦拭。

（2）第二遍用抹布完全浸泡消毒液后，拧至半干，擦拭桌面，并滞留10～15min，使消毒液充分发挥作用。

（3）第三遍擦拭时，用半干抹布将桌面沿"几"字形擦拭一次，把桌面、桌围上残留的消毒液擦拭干净。

椅子的清洁参考桌子清洁步骤（如图2-9所示）。

图 2-8　擦拭桌子　　　　　　　　　　　　图 2-9　擦拭椅子

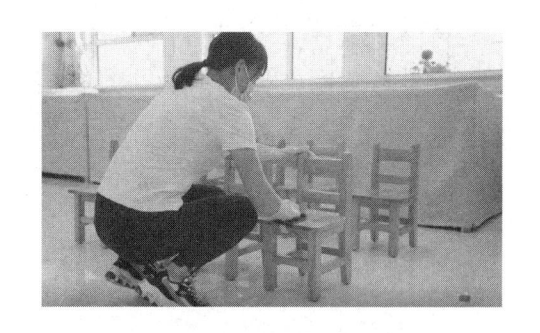

8．清洁教学设备及家具

每日需要擦拭的教学设备及家具有：计算机、白板、鼠标等电教设备，乐器以及盛放教具的家具等。所有教学设备和家具每日清洁一次，要将所有的边、角、棱、腿、缝隙都擦拭到位，做到洁净、无灰尘、无擦痕。

（1）用半干抹布沿着"几"字形擦拭白板，将灰尘擦掉。

（2）用半干抹布将计算机、电脑桌擦拭干净，确保计算机显示屏、主机、鼠标、键盘缝隙等所有能够看到、够到、碰到的地方都无尘土（如图 2-10 所示）。

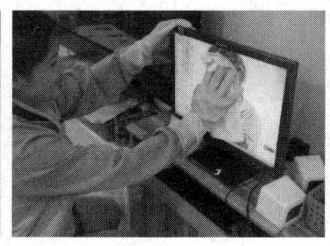

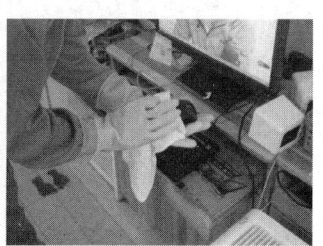

图 2-10　擦拭计算机、电子大屏、鼠标

（3）用半干抹布认真擦拭钢琴外壳、键盘以及键盘缝隙，使之无灰尘，无擦痕和水痕，擦干净后用苫布将钢琴盖好。

9．清洁灯具

每月清洁灯具两次，要将灯的开关、灯管（灯泡）、灯罩等处擦拭干净。

（1）用半干抹布擦拭灯的开关，将开关、开关面板以及开关面板周围擦拭干净。

（2）断电后，踩上折叠梯，先用半干抹布将灯管（灯泡）、灯罩擦拭干净，再用干抹布将灯管（灯泡）、灯罩上的水渍擦干。

✓ **注意**：清洁灯具前一定要先断电，踩着折叠梯擦拭灯具的时候一定要注意个人安全。折叠梯随用随取，不得在活动室存放。

10．清洁地面

（1）扫地。用打湿的扫帚，由活动室里面向门口方向清扫。扫地时一定要将扫帚压住，以免尘土飞扬（如图 2-11 所示）。

（2）拖地时要压住拖布，从左向右横着拖，到墙边时不要抬起拖布，可将拖布用力一转，把脏物带走。倒退着由里向外拖地，以防把刚拖过的地踩脏（如图 2-12 所示）。彻底洗涮拖布，保持拖布的清洁。

图 2-11　扫地 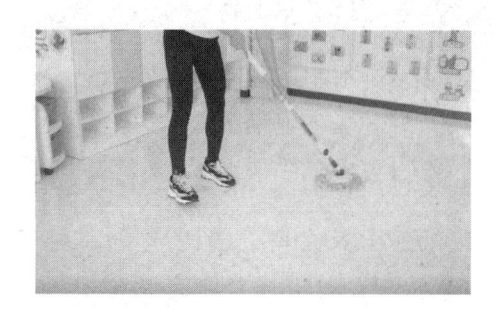　　　　　　　　　　　　　　图 2-12　拖地

11．清洁公共卫生区

每月清洁两次楼道内的公共卫生区，维持干净、整洁的状态。

（1）用半干抹布擦拭公共卫生区的墙壁和玩具柜内外侧，将浮土、灰尘等污渍擦除。

（2）用干抹布将墙壁和玩具柜内外侧完整地擦一遍，使其干燥。

12．清洁窗帘、钢琴苫布

每月清洁两次活动室和睡眠室里所有的窗帘，以及活动室里的钢琴苫布。

（1）踩上折叠梯，将窗帘摘下。

（2）将窗帘和钢琴苫布泡入盛着清水的盆中，直至完全浸湿。

（3）将窗帘和苫布放入洗衣机，倒入适量的洗衣粉，启动洗衣程序。

（4）洗衣机脱水程序结束后，将窗帘和苫布取出，晾挂在幼儿园指定的位置。

（5）等窗帘和苫布干透后，将其取回教室，踩上折叠梯，将窗帘挂在窗户上，将钢琴苫布盖到钢琴上。

二、清洁盥洗室

1．开窗通风

盥洗室应保持全天通风（极端天气除外），时刻保持干燥，确保无味、无蚊蝇。在幼儿入园前将盥洗室的窗户全部打开，如果盥洗室没有窗户，应将排风扇打开。

2．清理污物，清洁便池、冲水管和厕所挡板

及时冲洗便池、马桶，保证无尿碱，无臭味，每日冲洗一次。

（1）指导并提醒幼儿大小便后要及时冲厕，帮助幼儿养成讲卫生的良好习惯。

（2）戴上橡胶手套，将便池中的污物用清水冲掉。

（3）用洁厕灵（如图 2-13 所示）将池底、拐角、下水口入口至 10cm 处重点冲刷，保持

便池光洁、无尿碱、无臭味（如图2-14所示）。

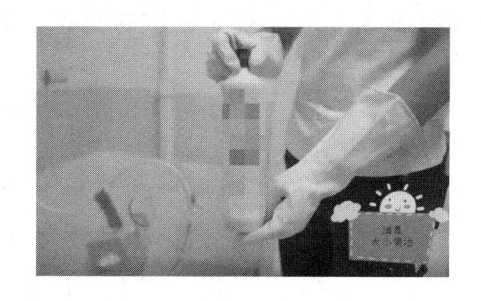

图2-13　洁厕灵

图2-14　冲刷便池

（4）使用次氯酸钠类的消毒剂消毒，也可以使用有效氯浓度为400~700mg/L的84消毒液浸泡便盆或擦拭便池消毒。

（5）用清水冲刷经过消毒的便池或便盆，以防消毒液腐蚀幼儿皮肤。清水冲净后要晾干。如果安装有幼儿坐便器，要在冲净消毒液后，用经有效氯浓度为400~700mg/L的84消毒液浸泡的抹布，将马桶的垫圈、马桶盖、马桶外侧等幼儿能直接接触的地方擦拭并静置消毒30min，消毒后用清水将残留消毒剂冲净，擦干。

（6）用半干抹布清洁冲水开关和冲水管，保持清洁、光亮。

（7）用湿抹布沿着"几"字形将厕所挡板两侧擦拭一遍，再用干抹布擦一遍水渍，使挡板干净、干燥。

3．清洁盥洗室门框和墙壁

每日擦洗盥洗室门框及墙壁一次，保持干净，确保无污渍和手印。

（1）从上到下，用干净的半干抹布擦拭门框和门边棱。

（2）从上到下，用干净的半干抹布擦拭门主体部分的正反两面。

（3）用洁净的湿抹布擦拭门把手，如果遇到顽固污渍，则要用清洁剂彻底擦拭污渍，最后用干抹布擦拭门把手（如图2-15所示）。

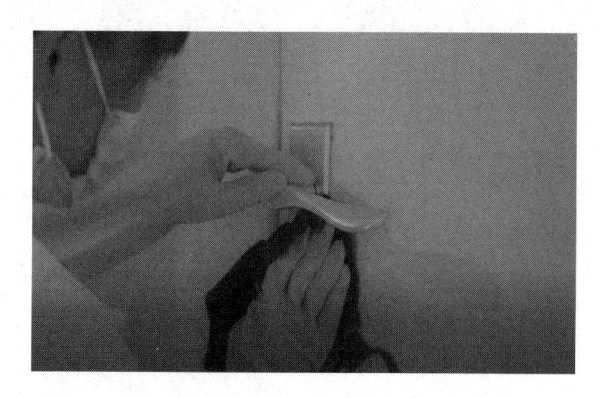

图2-15　擦拭门把手

（4）从上到下，用干净的半干抹布擦拭盥洗室墙壁。

4. 清洁洗手池（台）、水龙头、水管及镜子

洗手池（台）、水龙头应该随用随擦，保持干燥，确保洗手池（台）表面光滑、无污物、无异味，镜子无水迹、无擦痕、干净明亮。

（1）先将洗手池（台）中的污物捡拾干净。

（2）用钢丝球蘸些洗涤灵擦拭水池，将洗手池中的油污、水渍、污物彻底清除干净。

（3）用钢丝球擦拭水管及水龙头，尤其是水管接口部位，将水渍、污渍擦洗干净。

（4）用清水冲洗洗手池、水管、水龙头及台面，使洗手池表面光滑、无渍、无污物、无异味。

（5）用干净的抹布将水管、水龙头、洗手池（台）擦拭干净（如图 2-16 所示）。

图 2-16　擦拭水龙头

（6）用半干抹布擦拭镜子 2~3 次，使之无水迹、无擦痕、干净明亮。

5. 清洁双手

按照七步洗手法清洁双手，重视过渡环节与衔接工作中双手的清洁工作。

（1）用流动水冲洗双手。

（2）搓香皂后，按七步洗手法清洗，最少揉搓 15s（如图 2-17 所示）。

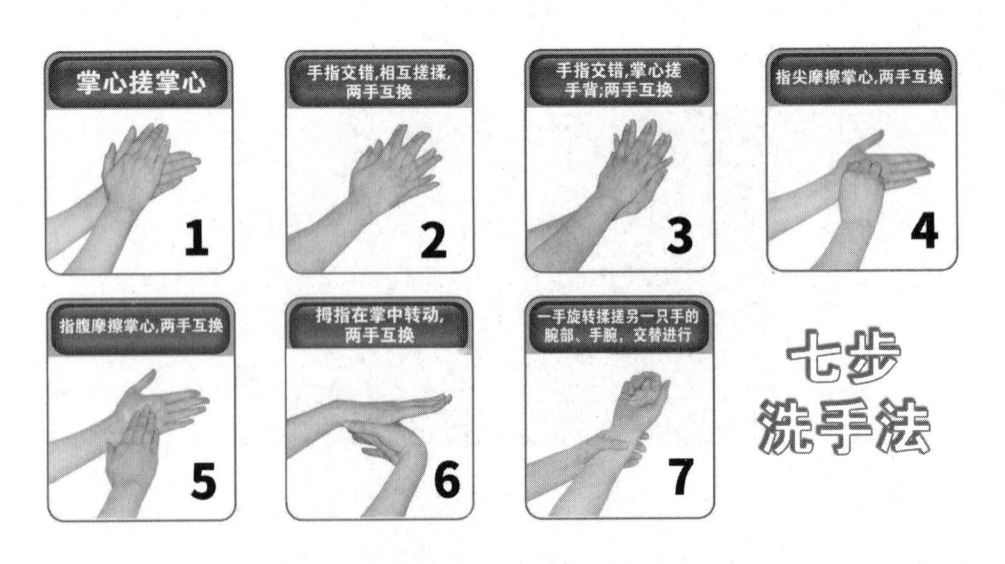

图 2-17　七步洗手法

（3）用流动水冲洗 10s，并用手捧水冲洗水龙头。双手合十，对准水池甩 3 次，甩去多余水分，避免遗洒到地面上。

（4）用干毛巾或纸巾彻底擦干双手。

注意：保育师应在清洁杯具、餐具前及卫生扫除后及时清洁双手，避免双手造成的污染。

6. 清洁储物柜、水杯架和消毒柜

每日擦洗储物柜、水杯架、消毒柜一次，保持干燥、清洁。

（1）用干净的湿抹布擦拭柜体或者架子的里层和外层（如图 2-18 和图 2-19 所示）。

图 2-18　擦拭柜体里层

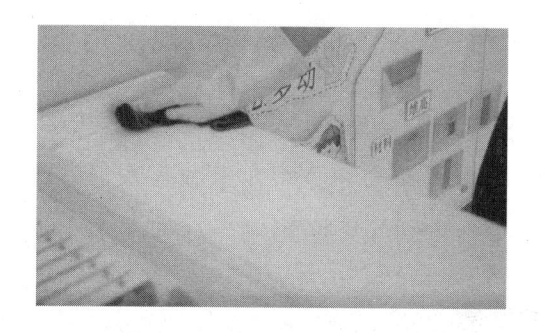

图 2-19　擦拭柜体外层

（2）将物品整齐地摆放在清洁后的储物柜中。

7. 水杯的清洁与摆放

每日清洁幼儿喝水杯和刷牙杯一遍。

（1）将水杯在流动水下淋湿冲洗一遍。

（2）用钢丝球或者百洁布，蘸取洗涤灵，将水杯内外侧特别是水杯边缘都刷洗干净，水杯把手的内外也需要清洁（如图 2-20 所示）。

（3）将洗干净的水杯放在流动水下冲洗干净，使杯内无洗涤剂残留（如图 2-21 所示）。

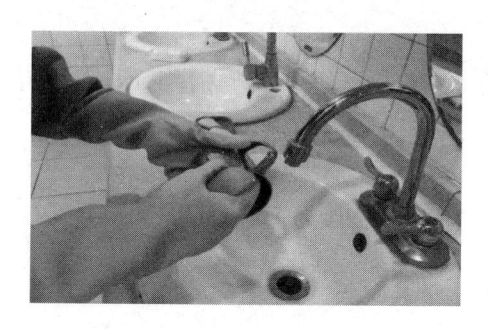

图 2-20　百洁布刷洗水杯

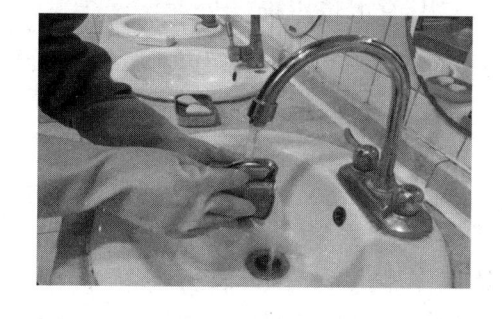

图 2-21　冲洗水杯

（4）将冲洗干净的水杯用漂白粉、高锰酸钾等消毒液浸泡消毒（如图 2-22 所示），或控干水分后，放入消毒柜，消毒 20min（如图 2-23 所示）。

（5）清洁双手后，将水杯按照顺序整齐摆放在水杯架中。

图 2-22　浸泡消毒水杯　　　　　　图 2-23　消毒柜消毒水杯

8．牙刷的清洁

每周用开水冲烫幼儿牙刷一次。

（1）将幼儿牙刷和刷牙杯放在洗手池内，一杯一牙刷，整齐排放。

（2）用开水冲烫幼儿牙刷，并将牙刷浸泡在开水中 10～15min。

（3）将刷牙杯中的水倒掉，用干净的干布将水杯上残留的水渍擦干。

（4）将牙刷刷毛朝上放回刷牙杯中，做到一杯一牙刷。

（5）将牙刷和刷牙杯整齐地摆放回储物柜。

✓ **注意**：将牙刷的牙刷头和刷牙杯的杯把手朝同一个方向摆放。

9．保温桶的清洁

每日刷洗保温桶内外侧，保持桶内外干净、无渍。

（1）将保温桶内隔夜的剩水倒掉。

（2）用洗涤灵将保温桶内外洗净消毒。

（3）用清水将水桶内外漂洗干净。

（4）每天用有效氯浓度为 100～250mg/L 的消毒液擦拭水龙头和出水口，滞留 10～30min 后用清洁毛巾擦净残留的消毒液，保证饮水桶清洁、无死角。

✓ **注意**：每日消毒后，应将从保温桶中接的第一杯水倒掉，不得饮用。

10．毛巾的清洁与挂放

每日清洁幼儿毛巾一次。

（1）将毛巾用清水浸泡打湿后用洗衣粉（液）搓洗，清除污物。

（2）用清水将毛巾上附着的洗衣粉（液）渍搓洗干净。

（3）将洗净的毛巾放入消毒柜消毒。

（4）将毛巾挂在室外阳光通风处晾晒。

（5）为防止交叉感染，毛巾挂放间距以相互间无重叠为宜，一般间隔 10cm（如图 2-24 所示）。

图 2-24　毛巾挂放

11．卫生纸的准备

每日多遍巡视卫生纸的使用情况，随缺随补。

（1）为幼儿准备卫生纸时，应先将卷状卫生纸剪成长 20cm 的条状，放在纸筐中。

（2）将备好的卫生纸筐或盒装卫生纸放置在幼儿易发现、易拿取处。

12．香皂、洗手液的准备

每日随时巡视香皂和洗手液的使用情况，随缺随补。

（1）将香皂放入皂盒中。

（2）每个水龙头下都要放一块香皂，或将洗手液放置在相邻两个水龙头之间。

13．垃圾的处理

在幼儿离园后处理垃圾，每日一次。

（1）戴好手套，把垃圾袋从垃圾桶中取出，将袋口扎紧。

（2）将干净的垃圾袋套在垃圾桶上，将垃圾袋的边缘压紧，防止袋子脱落。

（3）将扎紧的垃圾袋放在指定的位置，脱去手套，清洁双手。

14．地面的清洁

盥洗室地面应该保持干燥，防止幼儿滑倒摔伤。每天早、中、晚集中清洁一次，其余时间随脏随擦。

（1）用扫帚将盥洗室地面清扫干净，重点清扫柜子底、洗手池台下面、暖气管与地面的死角处等。

（2）用半干拖布拖地 2～3 遍，直至地面无积水、无污渍。

15．拖布及拖布池的清洁

拖布应该分类清洗，保持干净、无异味。拖布池应该保持干净、清洁，无杂质和水渍。

16．毛巾、手套等物品的清洁

（1）将毛巾、手套分别搓洗干净。遇到顽固污渍，先用洗衣粉搓洗，然后用清水冲洗干净。

（2）按照幼儿园墙面标识挂钩，将水杯格清洁毛巾和洗手台清洁毛巾分类挂放在指定位置进行晾干。将教师用毛巾单独挂放，并在指定位置进行晾干。

✅ **注意**：应将盥洗室的消毒剂、卫生纸、洗脸盆等物品存放在高柜中。

三、清洁睡眠室

1．拉开窗帘，开窗通风

应在叫醒幼儿起床前，拉开窗帘。等幼儿全部穿戴整齐，离开睡眠室后开窗通风。

2．清洁床体，整理床铺

清洁床体应在幼儿入睡前进行，整理床铺应在幼儿起床离开睡眠室后进行。

（1）清洁床体。用半干抹布按照从上到下的顺序，对床头、床栏杆、床框、床腿等处进行擦洗，做到无灰尘（如图 2-25 所示）。如果是活动床或者折叠床，应该将床体全部拉出展开后，按照之前的步骤擦拭清洁。

（2）整理床单、褥子。将床单、褥子铺平，确保无褶皱，将床铺清扫干净（如图 2-26 所示）。

图 2-25　清洁床体　　　　　　　　　　图 2-26　整理床铺

（3）叠被子。将被子叠放整齐。

3．清洁地面

每日清洁一次地面，可使用清洁活动室的拖布。

（1）用扫帚将睡眠室地面清扫干净，重点清扫柜子底、床下、暖气管与地面的死角处。

（2）用半干拖布擦地 2~3 遍，直至地面无积水、无污渍，透亮为止。

4．清洗窗帘

窗帘清洗的要求及具体操作步骤见活动室窗帘清洗部分。

✅ **注意**：踩着折叠梯摘取和挂放窗帘的时候应注意安全。

评价反思

表 2-2　模拟幼儿园清洁工作任务评价单

评价项目	评价要求	星级
清洁准备工作	清洁物品准备	☆☆☆
	个人防护物品	☆☆☆
清洁过程	操作规范性	☆☆☆
	清洁质量	☆☆☆
	安全性	☆☆☆
清洁后	工具处理	☆☆☆

备注：优秀涂3颗星，良好涂2颗星，达标涂1颗星，未达标不涂星。

测一测

一、判断题（将答案写在括号内，正确的打"√"，错误的打"×"）

（　　）1．大扫除每月进行两次，小扫除每天进行。

（　　）2．清洁灯具前一定要先断电，踩着折叠梯擦拭灯具的时候一定要注意个人安全。

（　　）3．幼儿起床后，保育师应尽快叠好被子。

二、单项选择题（从给出的选项中选出一个正确选项的字母填在括号内）

1．地面、桌面擦拭的要求是（　　）。

　　A．无尘土、无杂物、无擦痕　　B．可以有擦痕

　　C．可以有尘土　　D．可以有杂物

2．扫地的顺序是（　　）。

　　A．由里向外　　B．由外向里

　　C．随意　　D．竖着扫

3．便池应该重点擦拭的地方是下水管口周围（　　）cm 处。

　　A．2　　B．5

　　C．8　　D．10

4．保育师应注意使盥洗室的地面保持（　　），以防幼儿滑倒摔伤。

　　A．清洁干燥　　B．光亮清香

　　C．潮湿温暖　　D．阴凉昏暗

5. 盥洗室应（　　）通风。

A．全天开窗　　　　　　　　B．每天开窗 10～15min

C．每隔 2h 开窗 10～15min　　D．每半日开窗 10～15min

2.2　消毒工作

学习目标

1．知识目标：
（1）说出幼儿园日常的消毒方法。
（2）识记消毒药液的配置方法。
（3）说出特殊情况下的消毒方法。
2．能力目标：
（1）能够按照需要正确配置消毒药液。
（2）能按照幼儿园消毒工作流程完成各项消毒任务。
（3）能够正确填写传染病登记表。
3．素质目标：在消毒工作中增强自我保护和保护儿童的安全意识，树立一切活动为幼儿健康成长负责任的职业服务意识。

2.2 微课视频：
消毒室内环境的方法

学习导语

儿童正处于身体不断生长发育的阶段，各器官的生理功能尚不够完善，机体的免疫功能低下，在集居的环境下，相互接触密切，极易引起疾病传播和流行。因此，预防疾病的发生极其重要，而大部分微生物都来自外部环境。室内空气污染会造成空气中气溶胶与微生物气溶胶浓度的上升。空气中的气溶胶会传播细菌和病毒，还会沉降在物体与建筑的表面，造成接触传染。物体表面不会生出细菌，90%以上的细菌是依附在灰尘上从空气中降落到物体表面上的。去除空气中的尘埃粒子，能够有效控制物体表面的细菌。权威机构的研究指出：空气中每立方米的细菌总数超过 700 个，就容易感染疾病；低于 500 个，感染的机会减少；低于 200 个，几乎没有感染的机会。因此，及时做好消毒工作，控制幼儿园室内空气中的微生物数量，是保障儿童健康成长的必要措施。

引导案例

愉快的春节假期结束后，新的学期就开始了，小朋友们又要回到幼儿园这个大家庭。由于春季气温忽冷忽热，又是各类传染病高发期，幼儿园小朋友特别容易患上病毒性感冒、肺炎、手足口病、诺如病毒等疾病，再加上密集的环境，更容易交叉感染。作为保育师，应该怎样配合园内保健人员和班级教师做好幼儿一日生活常规的清洁消毒工作，预防疾病及传染病的发生和传播呢？

思考：幼儿园中的日常消毒工作有哪些？怎样做好幼儿园的消毒工作？

学习探究

一、消毒的方法和分类

（一）消毒的方法

消毒是指杀灭或清除传播媒介上的病原微生物，使其达到无害化的处理，通常以物理或化学方法发挥杀灭作用，达到切断传播途径，阻止和控制传染病的发生和发展。幼儿园消毒的方法主要有以下几种：

1. 物理消毒法

物理消毒就是利用物理作用（包括光、热、蒸汽、压力等）杀灭病原体。

（1）通风消毒

通过自然通风或人工通风，利用空气流动有效稀释室内有害气体及病菌的含量，间接达到净化空气的目的，起到消毒作用。自然通风是利用建筑物砖瓦材料的孔隙、门、窗等进行气体交换，是目前幼儿园使用最多的一种通风方式。人工通风采用空调、电风扇、排风扇等电器设备进行通风。

（2）日晒消毒

利用日晒中的紫外线来杀菌。紫外线是一种波长 0.01～0.40μm 的光线，杀菌力强。紫外线照射后会引起病原微生物的核酸、蛋白质变性而失去致病力。此外，日光中的红外线有热辐射作用，使病原微生物表面发热干燥，能起到一定的辅助消毒作用。流感、百日咳、麻疹等病原体在直射阳光下很快被杀死。一般附着于衣物、被褥等物品表面的病原体，在阳光下暴晒 3～6h 就可以杀死。所以日晒法要求在直晒阳光下暴晒 3～6h，消毒效果最好。

（3）消毒灯消毒

目前使用的有紫外线消毒灯、臭氧消毒灯等。但要注意照射面，避免产生死角，适用于房屋和物体表面消毒。

① 紫外线消毒灯

适用于室内空气、物体表面的照射消毒。有悬吊式或移动式紫外线灯两种。消毒有效区为灯管周围 1.5～2m。一般来说 30W 紫外线灯照射时间不得少于 30min。紫外线辐射能量低，穿透力弱，仅能杀灭直接照射到的微生物，因此消毒时必须使消毒部位充分暴露于紫外线照射下。紫外线消毒的适宜温度范围为 20～40℃，温度过高或过低均会影响消毒效果，可适当延长消毒时间。用于空气消毒时，消毒环境的相对湿度低于 80% 为宜，否则应适当延长照射时间。用紫外线杀灭被有机物保护的微生物时，应加大照射剂量。空气中的悬浮颗粒也可影响消毒效果。

② 臭氧消毒灯

臭氧是一种强氧化剂，具有杀菌迅速，消毒后无残留等优点，适用于蔬菜、水果消毒，但稳定性差，容易分解，只能立即生产、立即使用。市售的管式、板式和沿面放电式臭氧发生器、臭氧灯均可选用。用臭氧消毒灯消毒室内空气时，房间内应保持清洁干燥，减少尘埃和水雾，消毒时间≥30min。温度低于 20℃ 或高于 40℃，或相对湿度大于 60% 时，应适当延长照射时间。消毒时，房间应关闭门窗，人必须离开房间。关机后 30min，待房间内闻不到臭氧气味时才可进入。

（4）高压蒸汽灭菌消毒

高压蒸汽灭菌是一种经济、可靠、快速、安全的灭菌消毒方法，适用范围较广，消毒灭菌效果也较为理想。可将常用物品用牛皮纸或白棉布包好后置于高压灭菌器中，在保证消毒物品不受损害的前提下，维持锅内一定压力并保持一段时间，就可较彻底地杀灭病原体。

2．化学消毒法

化学消毒主要是使用含氯消毒液，通过擦拭、浸泡、喷洒等方式，对桌面、门窗、床栏、地面、厕所、家具、教玩具、抹布、拖布等物体表面进行消毒。化学消毒应注意在幼儿不在现场时进行，消毒结束后务必清洗干净消毒液残余。

（1）擦拭消毒

主要用于家具、门把手、水龙头等物体表面以及地面、墙面等的消毒。擦拭消毒时，用已配好的消毒剂溶液依次往返擦拭被消毒物品表面。必要时，在作用至规定时间后，用清水擦洗干净以减轻可能引起的腐蚀作用。

（2）浸泡消毒

浸泡消毒适用于织物、耐湿物品、玩教具、便具等的消毒。消毒剂溶液应将物品全部浸没。作用至规定时间后，取出物品，用清水冲净，晾干。

应根据消毒剂溶液的稳定程度和物品污染情况，及时更换所用溶液。

（3）喷洒消毒

用配好的消毒剂溶液直接喷洒被消毒物品表面，主要适用于室内空气、居室表面和家具表面的消毒。用普通喷雾器进行消毒剂溶液喷雾，以使物品表面全部润湿为度，作用至规定时间。喷雾顺序为先上后下，先左后右。但要注意喷洒消毒易引起室内物品潮湿、腐蚀。喷雾改善呼吸道干燥时，需使用超声雾化器。

（二）消毒的分类

1. 预防性消毒

预防性消毒是为了预防传染病发生而施行的消毒，并非已发现明显的传染源。消毒的对象为有可能被病原体污染的物品和场所。

2. 疫源地消毒

疫源地是传染源及其排出的病原微生物所能波及的范围。对疫源地内污染物的消毒称为疫源地消毒。疫源地消毒又有两种情况：

（1）随时消毒

当有传染病发生时，在患儿尚未离开园所之前，应随时对其所在班级和污物（排泄物、呕吐物、分泌物等）进行消毒，以迅速杀灭从机体排出的病原体。

（2）终末消毒

当患儿离园后，对被污染的场所及一切物品进行的最后一次彻底的消毒，从而完全清除传染源所播散、留下的病原微生物。

比如出现诺如聚集性疫情，或者3天内，同一集体、单位或场所发生3例及以上诺如病毒疑似病例，就需要终末消毒。

二、幼儿园常用消毒液的种类性质及配制使用

（一）常用种类

1. 84消毒液

84消毒液是幼儿园最常用的消毒液，其主要成分为次氯酸钠（NaClO）和表面活性剂。学前教育机构应购买使用有效氯浓度为50g/L左右的84消毒液原液，确保配出的1∶100的84消毒液达到500mg/L的有效氯浓度。

1∶100的84消毒液适用于拖布、厕所、便盆等的消毒。

1∶200至1∶500的84消毒液适用于毛巾、桌面、地面、墙面、玩具、扶手、门把手、水龙头等的消毒。

2. 次氯酸的消毒产品

其主要成分是弱酸性次氯酸（HClO）和水两种物质，可以对空气、玩具、衣物、餐椅、床和皮肤进行消毒，在含氯消毒液中具有灭菌力强、安全性高、环保性好的特点。

毛巾、桌面、门把手、玩具等物体表面应用500mg/L的含氯消毒剂，浸泡15min。

抹布、拖布、厕所地面、扫把、便盆等清洁用具应用1000mg/L的含氯消毒剂，浸泡30min。

3. 75%的酒精

75%的酒精溶液，主要用于体温计的消毒，方法是将体温计放置在酒精溶液中浸泡3～

5min。

（二）消毒液配制的计算公式

所需消毒液原液量（ml）=（配药量（L）×配比浓度（g/L））/原液浓度（g/L）×1000

所需加水量=配药量-所需消毒液原液量

以84消毒液为例，其常用配比请参考表2-3。

表2-3　84消毒液常用配比（原液浓度5%）

配比浓度（mg/L）	配药量（ml）	消毒液原液（ml）	加水量（ml）	消毒液原液与加水量比例
250	1000	5	995	约1:200
500	1000	10	990	约1:100
1000	1000	20	980	1:49
2000	1000	40	960	1:24
5000	1000	100	900	1:9
10000	1000	200	800	1:4

三、消毒液保管、配制中的安全防护

（1）要购买符合原卫生部印发的《次氯酸钠类消毒剂卫生质量技术规范》中规定的次氯酸钠类消毒剂。

（2）消毒液的购买、贮存由专人管理、专柜存放。

（3）消毒液不得随意摆放，要放置在幼儿接触不到的地方，容器上要有明显标识。

（4）消毒液要少买、勤买，确保有效期内使用。

（5）配比前做好个人防护，戴上橡胶手套，严格按照所需浓度配比。

（6）现用现配，含氯消毒剂进行配制时注意消毒剂的含量，先加水后加消毒液/泡腾片，配制完成后需洗手清洁。

（7）实施消毒前先疏散无关人员，确保消毒效果。

四、特殊情况下的消毒

幼儿园人群聚集性高，幼儿由于年龄小，抵抗力相对较差，因此容易感染传染病。幼儿园的工作人员要密切关注孩子，一旦有疑似传染病源进入或发生其他紧急情况，应立即采取紧急措施。

（一）幼儿园防止病源扩散的应急措施

一旦发现幼儿感染疑似传染病，立即通知家长带幼儿去医院检查，检查结果要及时反馈给幼儿园，以便幼儿园做好相应处理工作。若家长无法第一时间赶到，幼儿园应将幼儿安置在隔离室，由专人照顾。照顾人员要固定，且不串班，不与健康幼儿接触，不进厨房。同理，

照顾健康班的工作人员不能进入隔离室。隔离室的玩具、用具，必须单独使用，并定期进行严格消毒。疑似患儿吃剩的东西绝对不能让别人吃。隔离时间严格遵照各传染病规定的期限。

若确诊该名幼儿是传染病患者，卫生保健老师要及时地上报所在地区的儿保所和疾控中心。

（二）加强病源所在班级日常管理

对患儿所在班级的教室、经过的走道、之前接触过的物品等，要用500mg/L有效氯消毒液（特殊传染病浓度加倍）进行彻底终末消毒；对厕所、清洁用具、便器等，要用1000mg/L有效氯消毒液消毒（特殊传染病浓度加倍）；幼儿所在的班级要进行检疫隔离，时间根据传染病的医学观察期而定。

检疫班级所使用的杯子、餐具、毛巾、玩具等物品，全部先消毒后清洗再消毒，消毒时间、消毒浓度都要比平常加倍。设置专门的消毒室进行操作，消毒好的杯子、餐具、毛巾、玩具等与其他班级分开存放。幼儿园发生传染病时消毒对象及方法如表2-4所示。

表2-4 幼儿园发生传染病时消毒对象及方法一览表

消毒对象	消毒方法	备注
室内空气	1. 开窗通风，每日2~3次，每次30min以上 2. 紫外线消毒，1.5W/m³，作用1h	开窗通风效果不良时辅以人工通风和紫外线消毒
患者吐泻物、分泌物（粪、尿、呕吐物、痰液、体液等）	1. 一份粪便或吐泻物以1/20分漂白粉或加2000mg/L有效氯消毒溶液，充分搅匀加盖消毒1h 2. 血液、体液、尿液：加含氯消毒剂使最终浓度达到1000mg/L，充分搅匀加盖消毒1h	
体温表	1. 清洗擦干后放入1000mg/L有效氯消毒液中浸泡30min，冷开水冲洗后放入75%酒精溶液中备用 2. 每天更换一次	肛表与口表应放入不同容器里消毒与保存，并需全部浸入消毒液内
餐饮具、毛巾	1. 煮沸15~20min或流通蒸汽消毒30min以上 2. 500~1000mg/L有效氯消毒液浸泡30min	毛巾不适合含氯消毒剂浸泡
茶水桶	内部每天用清水洗净后再用热水冲洗，每周一次250mg/L有效氯消毒液擦拭	
桌、椅、玩具一般表面、内表面	每天一次含500~1000mg/L有效氯消毒液擦拭或浸泡30 min	作用时间到后，用清水去除残留消毒剂
熟食台、营养室、专用抹布	含500~1000mg/L有效氯消毒剂擦拭或者浸泡30 min	作用时间到后，用清水去除残留消毒剂
清洁用具	含1000mg/L有效氯消毒剂擦拭或者浸泡30 min	
盛装吐泻物的容器、痰盂、便器	含1000~2000mg/L有效氯消毒剂擦拭或者浸泡30 min	

续表

消毒对象	消毒方法	备注
手	1. 肥皂流动水（幼儿、保教人员） 2. 快速手消毒剂（晨检人员、营养员）	
复用压舌板	先 1000mg/L 有效氯消毒液浸泡 30 min，再清水洗净，包装后压力蒸汽灭菌	送到各社区卫生服务中心高压灭菌
一次性使用压舌板	使用黄色包装袋收集后定期送到社区卫生服务中心	
晨检牌	含 500～1000mg/L 有效氯消毒液浸泡 30 min，清洗后晾干	
被褥、书本	阳光下暴晒 30 min 至 1h	阴雨天采用紫外线消毒灯消毒 30 min 以上
垃圾	用双层垃圾袋收集后，用 1000mg/L 有效氯消毒剂喷雾作用 2h	

检疫班级不能参加学校的集体活动和任何户外活动。幼儿进餐在教室内进行，饭、菜、汤和点心由保教人员送入教室。检疫期间不升班、并班和拆班。

该班级幼儿早上入园、下午离园走边门。如果幼儿园没有边门，可以进行错峰上下学。比如，检疫班级比其他班级早上晚到 15min，放学的时候比其他班级晚走 15min，直到检疫期结束为止。班级中出现 3 例以上同类传染病，所在班级要进行关班处理。

保教人员对检疫班级的幼儿加强晨检，观察他们的饮食、精神、大小便、体温等是否异常，特别关注流行传染病特殊症状，发现异常情况及时进行相关处理。

（三）做好宣传、沟通工作

保教人员要做好相关疾病的预防和应对的宣传工作，多与检疫班级的家长沟通，争取家长配合做好班级检疫观察期间的工作，引导家长对幼儿进行观察。

组织实施

1．空气

开窗通风每日至少 2 次，每次至少 10～15min。在外界温度适宜、空气质量较好、保障安全性的条件下，应采取持续开窗通风的方式。不具备开窗通风条件时，采用紫外线杀菌灯进行照射消毒，每日 1 次，每次持续照射 60min。

2．物体表面

（1）幼儿高频率接触的物体表面的重点区域。

如桌、椅、窗台、毛巾格、水杯格、床、玩具柜、玩具收纳筐及幼儿能触摸到的物体表面，每天进行擦拭消毒一次。具体步骤如下：

① 第一遍用清洁毛巾擦拭。

② 第二遍配制有效氯浓度为 100～200mg/L 的消毒液，擦拭的毛巾要完全浸泡在配比好

的消毒液中，按"几"字形擦拭桌面及桌边（如图 2-27 所示）。擦拭物体表面后消毒液滞留 30min，以便更好地去除病菌。

③ 第三遍再用湿毛巾清除残留消毒液。

图 2-27　清洁桌面

（2）卫生间水龙头、厕所挡板、垃圾桶表面、小便池、厕坑、坐便器等部位。

① 用干净、半湿拖布或抹布擦拭。

② 配制有效氯浓度为 1000mg/L 的消毒液，擦拭的拖布、抹布要完全浸泡在配比好的消毒液中，擦拭后滞留 30min。

③ 再用干净、半湿拖布、抹布擦拭，去除残留消毒剂。

3．玩具、图书

（1）每周对玩具进行一次消毒，塑料、积木等材质的玩具第一遍用清水清洗。

（2）第二遍配制有效氯浓度为 100～200mg/L 的消毒液，玩具要完全浸泡在配比好的消毒液中，浸泡 30min。

（3）用清水冲洗，放在通风处晾干。

（4）班级图书在阳光下暴晒 4～6h 消毒。

4．儿童水杯、餐具

对餐具必须先去残渣，然后在食堂集中清洗后再进行消毒，煮沸消毒 15min 或蒸汽消毒 10min。使用消毒柜时严格按产品说明书进行。

5．幼儿被褥

每月在阳光下暴晒 4～6h，保持干燥、清洁。

6．毛巾类织物

煮沸消毒 15min 或蒸汽消毒 10min。煮沸消毒时，被煮物品应全部浸没在水中；蒸汽消毒时，被蒸物品应疏松放置。使用次氯酸钠类消毒剂消毒，使用浓度为有效氯 250mg/L，浸泡消毒 30min。消毒时将织物全部浸没在消毒液中，消毒后用生活饮用水将残留消毒剂冲净，在阳光直接照射下暴晒干燥。暴晒时不得相互叠夹，暴晒时间不低于 6h。

7．抹布

（1）用洗衣粉或肥皂将黏附在抹布上的污物清洗干净（如图 2-28 所示）。

图 2-28 清洁抹布

（2）使用有效氯浓度为 400mg/L 的消毒液全部浸泡 30min，清水充分清洗后，悬挂晾干。

（3）每次使用前、后都要进行消毒。

8．拖布

（1）每天下班前把拖布清洁干净，上午进行暴晒。

（2）使用有效氯浓度为 1000mg/L 的消毒液浸泡消毒 30min，再用生活用水充分清洗后，悬挂晾干。

（3）每次使用后都要进行消毒。

9．大型玩具的消毒

（1）第一遍用有效氯浓度为 1000mg/L 的消毒液喷射消毒（如图 2-29 所示），滞留 30min。

（2）第二遍用湿抹布清除残留消毒剂，防止消毒液对幼儿稚嫩皮肤的伤害（如图 2-30 所示）。

图 2-29 喷洒消毒液　　　　　　　　图 2-30 擦拭残余消毒液

10．填写传染病登记表

（1）填写疾病及传染病防控工作登记表（见表 2-5）。

表 2-5　疾病及传染病防控工作登记表

日期	目的	对象及范围	防控方法或措施	执行者

填写说明：
① 班级或全园进行的相关疾病预防工作（防龋、防暑等）。
② 防控方法或措施：包括使用方法、剂量及疗程的记录。
（2）填写传染病登记表（见表2-6）。

表2-6 传染病登记表

班级	姓名	性别	年龄	传染病名称	发病日期	痊愈日期	记录人	累计发病人数

填写说明：
① 登记范围：国家法定39种传染病及水痘、皮肤传染性疾病、沙眼。
② 提供统计汇总数据（各传染病的发病人数）。
（3）填写传染病发病统计表（见表2-7）。

表2-7 传染病发病统计表

年度	在册人数	肝炎（人数发病率%）	…（人数发病率%）	…（人数发病率%）	各类传染病总计（人数发病率%）

评价反思

表2-8 幼儿园消毒任务评价单

评价项目	评价要求	星级
消毒准备工作	消毒物品准备	☆☆☆
	个人防护物品	☆☆☆
消毒过程	方法选择	☆☆☆
	操作规范性	☆☆☆
	消毒质量	☆☆☆
	安全性	☆☆☆
消毒后	工具、材料处理	☆☆☆

备注：优秀涂3颗星，良好涂2颗星，达标涂1颗星，未达标不涂星。

测一测

一、判断题（将答案写在括号内，正确的打"√"，错误的打"×"）

（　　）1. 人工通风是目前幼儿园使用最多的一种通风方式。

（　　）2. 日光消毒的效果与物体表面温度的高低关系很大，如温度越高则照射的时间可适当缩短。

（　　）3. 化学消毒应注意在幼儿不在现场时进行，消毒结束后务必清洗干净消毒液残余。

（　　）4. 消毒液要少买、勤买，确保有效期内使用。

（　　）5. 对玩具消毒的频率应为每天1次。

二、单项选择题（从给出的选项中选出一个正确选项的字母填在括号内）

1. 蒸汽消毒一般需要蒸（　　）min。
   A. 5　　　　　　　　　　B. 10
   C. 15～20　　　　　　　D. 30

2. 用消毒液消毒毛巾、餐巾后应该（　　）。
   A. 用普通洗涤剂洗涤　　B. 用肥皂洗涤
   C. 直接晾晒　　　　　　D. 用清水漂洗

3. 抹布消毒前应先（　　）。
   A. 用消毒液浸泡　　　　B. 将黏附在抹布上的污物清洗干净
   C. 抖落污物　　　　　　D. 晾干

4. 用于厕所、拖布、便盆等消毒时，选用84消毒液的配比为（　　）。
   A. 1∶100　　　　　　　 B. 1∶200
   C. 1∶500　　　　　　　 D. 1∶1000

5. 图书的消毒方法是（　　）。
   A. 用消毒液擦拭　　　　B. 煮沸
   C. 通风　　　　　　　　D. 日晒

学习情境三

幼儿生活活动组织与指导

情境学习目标

1. 识记生活活动保育工作细则。
2. 能够严格按照行业的规范程序、操作要求，模拟做好幼儿园一日生活中来园、盥洗、进餐、如厕等各环节的保育工作，养成良好的观察习惯。
3. 能够尊重、信任、关爱幼儿，认同"生活即教育"、"保教结合"、"家园合作"原则，树立一切活动为幼儿健康成长负责任的职业服务意识。

学习导语

幼儿园一日生活活动是满足幼儿生命基本需要的活动，旨在培养幼儿生活自理、与人交往、自我保护等能力和规则意识，养成健康的生活卫生习惯，包括：来园、盥洗、如厕、进餐、饮水、睡眠、离园等环节。生活活动保育工作的主要内容包括保障安全与卫生、进行行为观察、指导自我服务、提供交往机会等。同时，幼儿园一日生活活动又是实施幼儿园保育教育的主要途径，是每日保教活动的总和。因此学习掌握幼儿园日常生活常规，了解幼儿园一日生活各种活动对幼儿的行为要求，明确自己的工作职责，有助于保教老师顺利完成生活活动保育的工作任务，更好地促进幼儿身心健康发展。

工作情境描述

幼儿生活活动占幼儿园一日生活的一半时间，其活动质量高低将直接影响幼儿的生长发育，进而影响幼儿当下甚至一生的身心健康。生活活动主要包括幼儿入园、进餐、饮水、盥洗、如厕、睡眠、离园等环节的组织与指导。由于生活活动中蕴含丰富的教育资源，不仅可以为幼儿身体健康成长奠定基础，还会影响幼儿的心理发展。因此需要保教老师贯彻保教结合、家园合作原则，与家长形成合力，充分利用各种教育契机，细心观察幼儿在食欲、睡眠、情绪等方面的变化，对幼儿进行随机教育。保教老师应该及时反馈，不断反思，总结经验，积极回应幼儿的成长需求，有针对性地采取恰当的指导和帮助，让幼儿在高质量的生活活动中自主、自觉地发展各种生活能力，养成健康的生活习惯和交往行为，安全、健康地成长。

3.1 幼儿来园保育

学习目标

3.1.1 微课视频：
幼儿来园准备的
规范操作

1. 知识目标：
（1）说出幼儿来园保育的保教价值。
（2）识记幼儿来园保育工作的基本职责。
（3）识记幼儿来园保育主要工作内容及工作流程。

2. 能力目标：
（1）能够做好幼儿来园的接待和卫生清洁工作，协助保健医进行晨检。
（2）能精神饱满、主动热情地迎接幼儿和家长。
（3）能够根据幼儿年龄，小组合作模拟对个别幼儿进行来园引导教育。
（4）能够发现幼儿来园时的安全隐患，并进行预防和隐患排除。

3. 素质目标：关爱幼儿，树立安全无小事的安全责任意识。

学习导语

良好的开端是成功的一半。幼儿园来园保育工作做得如何，将直接影响幼儿一日生活的质量，也会影响家长一天工作的心情。因此，保教老师应该为幼儿营造安全、健康、快乐的入园环境，不断吸引幼儿积极参与自我服务、照顾环境、区域游戏等来园活动，促进其身心及能力等方面的发展，使来园环节真正成为幼儿一天美好生活的开始（幼儿来园环节如图3-1所示）。

图 3-1 幼儿来园环节

引导案例

小班的保育师王老师总是在早晨七点之前进入教室,在幼儿来园前麻利地换好工作服,开窗通风,对活动室环境进行整理、消毒,摆放好桌椅,准备好水杯和幼儿来园活动的材料、玩具。当幼儿来园时,她和班里的其他老师一起热情地向幼儿问好,耐心接待每一位幼儿,指导幼儿放好自己的个人用品,插好晨检牌。她非常关注幼儿的晨检状况,并向家长了解幼儿在家的情况,规范记录幼儿身体的异样或家长交代的特殊事件,并与本班另外几位教师进行口头沟通。对于来园时情绪不稳定或行为习惯、心理等有问题倾向的个别幼儿进行个别教育。当幼儿参加区域活动时,她会主动与幼儿一起玩耍。活动结束后,她会快速整理好幼儿的玩具用品。

你觉得王老师是一个称职的保教老师吗?为什么?

学习探究

一、认知幼儿来园保育的保教价值

来园是幼儿园一日生活的首个环节,涉及环境准备、接待幼儿及家长、组织幼儿整理衣物和晨间活动、协助保健医生晨检、交接药物等内容。幼儿来园保育工作比较复杂,托幼园所为什么要做这么多的来园保育工作呢?如果这个环节准备不充分,会对幼儿及家长产生什么样的后果?请认真思考后填写表 3-1 疏忽幼儿来园保育工作的后果并进行分享交流。

表 3-1 疏忽幼儿来园保育工作的后果

序号	保育项目	疏忽保育工作的后果
1	上岗前准备	
2	活动室、盥洗室、睡眠室环境清洁、消毒	
3	水杯、餐具、盥洗用品等生活用品的准备	

续表

序号	保育项目	疏忽保育工作的后果
4	活动物品的准备	
5	接待幼儿和家长,培养幼儿的礼貌习惯	
6	指导幼儿存放衣物,培养幼儿有序保管物品的生活自理能力	
7	指导幼儿插晨检牌,关注幼儿的晨检情况	

(一)幼儿来园保育的保教价值

来园是幼儿在园一日生活中的第一个环节,会直接影响幼儿一天的生活体验感受。来园是培养幼儿品行、综合生活能力,开展个性化教育的重要时机,同时也是与家长建立良好家园关系,形成家园合力的重要环节。组织好来园活动,有助于幼儿适应环境转换以及增进家园沟通和合作。

(二)幼儿来园保育工作的基本职责

表 3-2 保教老师在幼儿来园时的保育工作内容

	工作内容	
序号	教师	保育师
1	准备好仪容、仪表,调整好情绪状态,与同事合理分工,明确站位与工作要点	做好个人卫生,调整仪表,穿好工作服
2	巡视、整理班级活动环境,为迎接幼儿和开展晨间活动做好准备	清洁与消毒班级环境、设施,排除安全隐患,确保环境整洁、空气流通,保证物品及饮用水安全
3	热情接待家长与幼儿,主动与家长进行交流;引导幼儿主动问候老师,与家长道别	协助教师做好接待工作,必要时与家长进行沟通
4	检查幼儿所携物品,发现危险物品,代为保管	协助检查幼儿所携物品,发现危险物品,代为保管
5	引导提前来园的幼儿自主选择进行晨间锻炼或自主游戏,避免消极等待,必要时给予帮助	准备好幼儿生活用品及玩具等物品,配合教师组织活动,观察幼儿情绪及身体状态,如有需要,协助教师处理,指导个别需要帮助的幼儿
6	细心关注每个幼儿身体及情绪状态,用心挖掘每个幼儿的教育契机并进行随机教育	指导幼儿有序摆放个人物品,完成自我服务
7	根据幼儿年龄特点,引导幼儿协助教师整理班级环境、照顾动植物,指导好值日生工作	根据幼儿年龄特点,可引导幼儿协助教师整理班级环境、照顾动植物,做好个别幼儿值日生工作指导
8	了解晨检和出勤情况,及时与未到园幼儿的家长取得联系,了解缺勤原因。做好相关记录,明确需要特别照顾的幼儿	了解晨检情况,明确需要特别照顾的幼儿

从以上的表格中，你能发现教师和保育师在来园环节工作内容的相同点和不同点吗？

（三）来园前准备的规范操作要求

表 3-3　幼儿来园准备的规范操作要求

工作流程	工作内容	工作标准
1．上岗准备	1.1 清洗双手	准时到岗，精神饱满；用香皂（洗手液）、流动水清洗双手
	1.2 整理仪表	换好干净的工作服；不戴戒指，不留长指甲，不披长发，不穿高跟鞋
2．安全检查和开窗通风	2.1 安全检查	到岗后，首先快速检查班级整体环境是否安全，查看班级物品摆放（如家具、桌椅、玩具等）、地面、门窗、自然角等是否有异样。如发现异常，必须马上报告有关人员及园领导进行安全隐患排查处理。检查电器插座是否漏电，外接电源线板是否外露在幼儿能触摸到的地方，防止幼儿触电
	2.2 开窗通风	（1）活动室、卧室和盥洗室开窗通风 （2）根据气候及风力大小，掌握开窗的大小和通风时间，活动室、卧室每日至少开窗通风 2 次，冬季一般开窗通风 10~15min，使用空调的房间每半日通风一次，室内温度保持在 18~20℃，夏季室温保持在 24~26℃ （3）天气状况不佳时，可调整时间为上午 9:00—10:00 和下午 13:00—14:00，雾霾天气不开窗，每日应采取其他方法对室内空气消毒 2 次
3．环境设施的清洁消毒	3.1 活动室消毒	做好活动室内、幼儿伸手触及处（台面、柜面、教室门把手、窗台）的清洁、消毒工作。保持地面、桌面、门窗、玩具柜的干净。消毒时用浓度为 250mg/L 的有效氯消毒液，抹布要勤搓洗并挂在有标识的固定地方
	3.2 卧室消毒	对卧室做湿性清扫，用 1∶1000 的消毒液清洁地板，再用清水拖把进行二次清洁。最后用消毒液对卧室各台面进行清洁、消毒
	3.3 盥洗室消毒	用 1∶1000 的消毒液清洁地板，再用清洁拖把进行二次清洁；清洁水池下水道外的头发污物，及时冲洗便池、水池 擦：按"桌面→窗台→走廊→户外"的顺序擦拭 拖：按"教室地面→洗手间→走廊→户外"的顺序拖地
4．物品准备	4.1 准备盥洗用品	根据园所实际情况，准备好幼儿的擦手毛巾、盥洗室内的洗手香皂、洗手液、厕纸等（如图 3-2 所示）
	4.2 饮用水准备	将干净的水杯及餐具摆放到指定位置（如图 3-3 所示），方便幼儿取放

续表

工作流程	工作内容	工作标准
5. 活动场地检查	5.1 检查活动场地	保持活动场地的清洁、干燥
	5.2 检查活动器材	检查活动器材是否完好，如有破损及时处理；大型户外器械破损要立刻告知设施管理部门，并做好指示牌告知暂时停用
6. 接待幼儿与家长	6.1 接待工作	用愉悦的情绪、热情的态度接待幼儿与家长，关注幼儿文明行为的培养；耐心倾听家长嘱咐，做好物品的交接工作；对家长需要沟通的问题及时交换意见，提醒幼儿礼貌地打招呼
	6.2 指导值日生	照顾植物角（如图3-4所示），整理游戏环境；叠餐巾、放杯子、摆放餐具等
7. 关注晨检	协助教师晨检	进行"一摸、二看、三问、四查"，实现人牌对应，关注晨检牌（三种颜色），了解出勤幼儿的晨检状况，如有异常应在一日生活中对该幼儿多加关注。例如，协助教师做好当日服药幼儿的全日观察

图 3-2　盥洗物品准备

图 3-3　饮水物品准备

图 3-4　指导值日生照顾植物角

二、查找幼儿来园活动中的安全隐患

在幼儿来园环节，往往存在一些安全隐患。你能找到哪些？请小组讨论并写下结果，随后向全班展示交流。

《幼儿园教育指导纲要（试行）》明确指出"幼儿园必须把保护幼儿的生命和促进幼儿的健康放在工作的首位。"因此，保教老师应当尽可能地排除一切有可能出现的安全隐患。来园环节的安全隐患及预防措施如表 3-4。

表 3-4　幼儿来园环节的安全隐患与预防措施

序号	隐患内容	预防措施
1	来园前设施设备检查不到位，插座、剪刀等危险物品没有专门保管（如图 3-5 所示），幼儿来园后可能会摆弄或不小心碰到，导致触电、受伤等	用完及时收起，并放到指定地点保管
2	幼儿来园前，地面打扫不彻底，有水渍残留，幼儿容易滑倒	按要求保持地面干爽
3	幼儿从校车下车时，保教老师没有清点人数，把个别下车慢或开小差的幼儿留在车上	仔细清点、认真核实乘车幼儿人数
4	家长让孩子单独入园，或到了班上不向老师打招呼就离开，孩子身体不适没有事先说明	严格执行晨检制度，家长送孩子入园时应主动让孩子接受保健人员的晨间检查，尤其应主动报告幼儿身体已经存在的不适
5	对于晨检袋上没有插晨检牌的幼儿，老师没有向家长确认	保教老师要一一确认、核实好当日考勤情况，并做好记录
6	洗消用品没有放到指定位置，造成幼儿误碰或误食	严格执行洗消用品使用规定，专人专柜保存（如图 3-6 所示）
7	玩教具材料的体积过小或小部件不牢固，被幼儿误食造成异物入体	使用前认真检查，发现问题及时进行维护或更换

图 3-5　剪刀等危险物没有放到指定地点

图 3-6　洗消用品专柜保存

三、模拟进行幼儿来园活动时的个别化教育

幼儿来园时，保教老师应该关注到每一位幼儿。那么，当幼儿有什么样的情况时，需要保教老师对其进行特别关注和教育？请小组讨论并列举需要个别化教育的幼儿情况，然后选取其中一例，模拟表演个别化教育过程。请列举需要个别化教育的幼儿情况：

_____

_____

_____

_____

幼儿在进行来园活动时，保教老师应有意识地与幼儿聊天，与个别情绪不稳定、生病的幼儿交流并安慰他们（如图3-7所示），疏导幼儿来园时的负面情绪，具体的方法：

1. 抱一抱：把哭闹的幼儿抱在怀里，给予安抚。

2. 哄一哄：想办法转移幼儿的注意力。例如，在附近转一转，引导幼儿和教师说说话、聊聊天，帮助其恢复良好的情绪。

3. 查一查：检查幼儿身体有无不适之处，或者与家长电话沟通，了解幼儿哭闹的真正原因。

4. 定一定：用心观察、关注幼儿，从专业的角度，与家长共同协商达成共识，确定解决问题的方法；与幼儿约定，鼓励他们把不良的情绪宣泄出来。

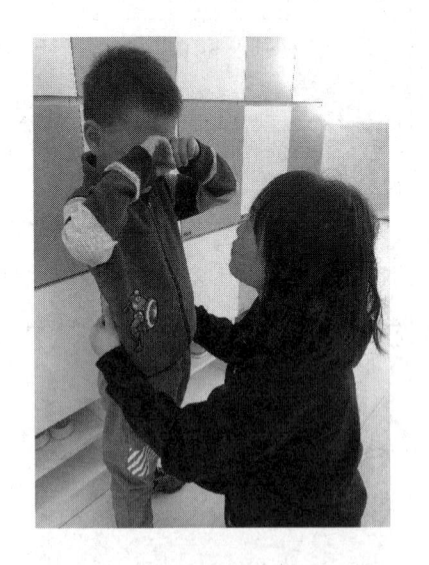

图3-7　安慰幼儿　　　　　　　　　　图3-8　来园准备

组织实施

一、做好来园的准备

保教老师提前 20 分钟进入活动教室,做好幼儿来园的准备工作。

1．清洗双手,更换当日带班服装(园服、运动鞋等)(如图 3-8 所示),妥善放置手机和其他私人物品,保持愉快的心情。

2．开窗通风,保持活动室、睡眠室、盥洗室、卫生间内空气清新;把教室内的桌子摆放好,整理桌椅物品。

3．安全排查,对教室内存在危险的地方进行排查,如果有危险及时处理,处理不了的及时上报领导处理。

4．翻阅计划和备课资料,重温当日活动安排。

5．准备来园接待时能记录家长要求的物品(如标签、表格等)。

6．根据一日活动计划清点当日教学及活动所需要的教具材料,并摆放在相应位置。

7．检查活动区投放的玩具及进门牌等物品是否完备。

小贴士:

① 合理安排晨间擦拭顺序

可以把睡眠室和活动室的卫生工作集中起来做,再做盥洗室的卫生工作。晨间擦拭环节的工作顺序是:睡眠室→活动室→盥洗室。

② S 形路线擦地板

在拖地过程中可以采用 S 型路线来回推送拖把擦拭。注意擦地过程中拖把始终不离开地面,在推送到一个小区域时可以将灰尘垃圾抖落在一起,然后继续擦拭,最后清扫几个垃圾点。

③ 擦玻璃小技巧

将干净抹布用含有少量洗涤灵的溶液清洗干净并拧成半潮湿状态,擦拭整个玻璃面,随后快速用干净报纸反复擦拭,注意在擦拭过程中要保证玻璃面有一定水分,随着报纸反复擦拭,水分吸干后,玻璃也就明亮了。如果玻璃下半部水分已经蒸发,及时用半潮湿的抹布擦拭,再用报纸反复擦拭。

二、做好晨间接待

7:30 保教人员在教室门口(或幼儿园大门口)穿戴整齐,准备接待幼儿来园。

1．问候:保教人员要以热情、亲切的态度主动和幼儿相互问好。热情、亲切的态度能够让幼儿觉得保教老师喜欢他(她)、欢迎他(她),期待他(她)的到来,从而使幼儿喜欢上幼儿园。有礼貌地向家长问好，与家长进行简单的交流，听取家长的意见和要求，有助于有针对性地开展个别教育。

2. 晨检：协助保健医生进行复检，保教人员通过"一摸、二看、三问、四查"，了解幼儿的健康状况，防止幼儿将传染疾病及危险物品（如小钉子、指甲刀等可造成创伤的小物品）带入园内。

"一摸"：摸摸幼儿的额头、腮腺、手心等部位判断其有无发热症状，对疑似发烧者应测量体温；

"二看"：观察幼儿外部体征，如精神状态、面色、咽部有无异常，皮肤有无皮疹（特别注意面部、耳后、颈部）及有无某些传染病的早期表现（流眼泪、流鼻涕、眼结膜充血等现象），发现可疑者及时报告，以便隔离、观察、确诊；

"三问"：问幼儿在家饮食、睡眠、大小便有无异常情况；

"四查"：查看幼儿衣兜内有无携带不安全的物品及零食，发现问题迅速处理，对于存在安全隐患的物品，要劝导幼儿将不安全的物品或零食让家长带回家或交由教师代为保管。

指导幼儿将保健医生发给的晨检指示牌放入带有自己照片的健康指示袋中。不同颜色的晨检指示牌的一般含义：

绿色：健康合格，身体、卫生良好。

黄色：有些异常，体温或卫生习惯需要关注。

红色（橙色）：带药幼儿。

（晨检牌的颜色也可由各园自行规定）

3. 药品交接与存放：做好需要在幼儿园服药幼儿的药品交接工作，包括问清楚药名、药的作用、服法与剂量，和家长一起填写幼儿园幼儿带药、服药记录清单（见表3-5），并签名。

表3-5 幼儿园幼儿带药、服药记录清单

幼儿姓名：　　　　　班级：　　　　　　　　　　　　　　　　　年　　月　　日

药物名称	服药时间	服药剂量	家长签名	执行时间与教师
特别说明				

注：（1）请家长按此单要求仔细填写。

（2）教师给儿童服药后，该药条、药袋或药品包装和药品使用说明书须保留三天，不用粘贴在各班交接班登记册服药栏。

保教老师应及时将幼儿带来的药品按照内、外用药分类放置在班级专用药箱中。药箱应放置在幼儿拿不到的地方妥善保存。

三、来园活动结束时

1．配合教师组织劳动、观察和照顾动植物、自由游戏、做早操等晨间活动，指导个别需要帮助的幼儿。善于抓住生活中的教育契机，培养幼儿整理和归置玩具的能力，提升幼儿自理能力。

《来园歌》

儿歌1：爸爸妈妈去上班，我上幼儿园，我不哭，也不闹，叫声老师好。

儿歌2：早入园，不迟到，见老师，要问好。小朋友，也问到，别父母，勿忘掉。讲文明、懂礼貌，我们都是好宝宝。

2．核实幼儿出勤情况，及时与未到园幼儿的家长进行电话追踪，了解原因，并做好记录，如遇特殊情况，应及时与保健医生联系，采取措施，做好后续工作。

3．将所有异常情况记录在班级交接本上，同时口述给接班老师，以便接班老师了解情况，并进一步观察。交接班记录应注明幼儿姓名、异常情况、处理办法、结果追踪等信息。

评价反思

表3-6 模拟幼儿来园保育任务评价单

评价项目	评价要求	星级
来园准备工作	整体时间安排合理	☆☆☆
	卫生和安全达标	☆☆☆
	玩教具准备齐全	☆☆☆
晨间接待	着装和到岗	☆☆☆
	问候	☆☆☆
	晨检	☆☆☆
晨间活动组织	活动准备	☆☆☆
	活动环节	☆☆☆
	幼儿参与度	☆☆☆
	活动效果	☆☆☆
活动结束	物品摆放	☆☆☆

备注：优秀涂3颗星，良好涂2颗星，达标涂1颗星，未达标不涂星。

测一测

一、判断题（将答案写在括号内，正确的打"√"，错误的打"×"）

（　　）1．幼儿每天正常户外活动时间，应不少于 2h。

（　　）2．活动室、卧室每日至少开窗通风 2 次。冬季气温较低可不开窗，以保持室内温暖。

（　　）3．不适宜开窗通风时，每日应采取其他方法对室内空气消毒 1 次。

（　　）4．药品交接时家长只要填写清楚药名、药的作用、服法与剂量等项目，可以不用签名。

（　　）5．冬季室内温度应保持在 24～26℃。

二、单项选择题（从给出的选项中选出一个正确选项的字母填在括号内）

1．幼儿来园前，对活动室进行擦拭的正确顺序是（　　）。

　　A．桌面→窗台→走廊→户外

　　B．窗台→桌面→走廊→户外

　　C．窗台→桌面→户外→走廊

　　D．户外→走廊→桌面→窗台

2．对卧室做湿性清扫时，用（　　）的消毒液清洁地板。

　　A．1∶1000　　　　　　　　B．1∶750

　　C．1∶500　　　　　　　　 D．1∶250

3．接待幼儿家长时，要做到（　　）。

　　A．情绪愉悦、态度热情　　B．耐心倾听嘱咐、做好物品交接工作

　　C．提醒幼儿礼貌地打招呼　D．以上都是

4．应根据（　　）掌握开窗的大小和通风时间。

　　A．气候及风力大小　　　　B．幼儿人数

　　C．活动室面积大小　　　　D．幼儿年龄班级

5．冬季，活动室、卧室一般开窗通风（　　）min。

　　A．10　　　　　　　　　　B．10～15

　　C．15～20　　　　　　　　D．30

三、拓展题

1．反思自己在模拟来园实习中存在的问题及其对幼儿健康成长的不利影响。

2．在幼儿来园环节中，蕴藏着许多审美教育元素，你能找到并做到吗？

3.2 幼儿盥洗保育

🍎 **学习目标**

3.2.1 微课视频：
创设幼儿盥洗环境

3.2.2
指导幼儿盥洗
规范操作

1．知识目标：

（1）说出幼儿盥洗保育的保教价值以及不同年龄段幼儿的盥洗常规要求。

（2）识记幼儿盥洗保育工作的基本内容和工作流程及规范。

（3）列举幼儿独立盥洗能力和良好盥洗习惯的内涵和一般培养方法。

2．能力目标：

（1）能够小组合作模拟进行盥洗前的安全教育。

（2）能够小组合作模拟进行盥洗前环境创设的规范操作，并总结操作的小窍门。

（3）能够按照规范要求模拟指导幼儿洗手、刷牙等。

（4）敏锐发现幼儿盥洗时的安全隐患，说出预防措施。

3．素质目标：

（1）认同"幼儿为本""生活即教育"等理念，尊重、信任、关爱幼儿，树立重视和正确看待幼儿盥洗环节，培养幼儿的生活自理能力的工作意识。

（2）贯彻"保教结合"原则，树立一切活动为幼儿健康成长负责任的职业服务意识。

✏️ **学习导语**

幼儿园的盥洗活动包括洗手、漱口、刷牙、洗脸等，是幼儿一日生活的重要内容，贯穿于幼儿一日生活活动的各个环节。良好的盥洗习惯是保障幼儿身体健康的第一道防线，独立盥洗能力是幼儿独立生活必备的能力。虽然盥洗习惯和盥洗能力如此重要，但由于幼儿的年龄较小，现实中幼儿在洗手、漱口和刷牙、洗脸等环节存在诸多的问题。因此保教老师必须明确幼儿良好盥洗习惯及独立盥洗能力培养的内容、要求与方法，充分挖掘盥洗活动的保教价值，细心观察，耐心地给予幼儿指导和帮助，为促进幼儿的健康成长奠定良好基础。

引导案例

午餐前的洗手环节是幼儿园小班的马老师比较发愁的环节,因为她发现班里的小乐乐每次总是第一个报告老师说手洗完了,但老师检查时却发现他的手每次都只是弄湿了,根本没有按规范要求洗手;虽然进行了分组,但每个小组内还会出现因争抢水龙头而引起的小摩擦;总有小朋友的袖口被弄得湿湿的;还有 2 个小朋友每次都是其他小朋友都已经开始进餐了,他们却还在盥洗室玩水不肯出来……作为未来的保教老师,你分析一下这些问题出现的原因,你能用所学过的知识解决吗?

学习探究

一、认知幼儿盥洗保育的保教价值

（一）幼儿盥洗保育的保教价值

幼儿皮肤柔嫩、皮脂腺分泌少、渗透作用强、易遭受细菌侵害,这些特点是幼儿养成良好盥洗习惯的重要生理依据。世界卫生组织曾指出,养成用肥皂或洗手液洗手的良好习惯是帮助儿童远离细菌,预防儿童腹泻和肺炎的最为经济、高效的方法。盥洗环节是培养幼儿生活自理能力、盥洗习惯和服务意识的良好契机,可引导幼儿规范盥洗,在完成自我照顾的同时,关照集体环境,尽己所能服务他人。幼儿在盥洗时的行为要求见表 3-7。

表 3-7 幼儿在盥洗时的行为要求

班级	行为要求
小班	1. 能在保教老师的提醒下正确洗手、刷牙,注意不弄湿衣服和地面 2. 学会有序盥洗,洗完后不在盥洗室逗留 3. 知道要节约用水
中班	1. 能按照洗手的程序和规则主动洗净双手,尽量不弄湿衣服和地面 2. 会有序盥洗,洗完及时离开 3. 懂得节约用水,学会调节水流大小
大班	1. 能主动、熟练按照洗手的程序和规则清洗双手,不弄湿衣服和地面 2. 能自觉有序排队、有序盥洗,洗完立即离开盥洗室 3. 自觉做到节约用水,能根据需要熟练调节水流大小 4. 能协助保教老师进行盥洗前的物质准备

（二）幼儿盥洗保育工作的基本职责

表 3-8　保教老师在幼儿盥洗环节的保育工作内容

序号	工作内容	
	教师	保育师
1	进行盥洗前安全教育，组织幼儿及时、有序盥洗，确保盥洗安全	清洁、消毒盥洗室，创设、保持安全卫生、美观舒适的盥洗环境，准备数量充足、幼儿取放方便的盥洗用品，确保幼儿盥洗用品专人专用；组织幼儿有序盥洗，确保盥洗安全
2	帮助幼儿认识到盥洗与身体健康的关系，关注盥洗过程，指导幼儿学习并掌握正确的盥洗方法，照顾个别幼儿	协助教师有针对性地进行提醒、指导幼儿掌握正确盥洗的方法，协助暂时不能独立自理的幼儿顺利完成盥洗，帮助幼儿掌握正确的盥洗方法；密切观察幼儿盥洗后的衣物情况，必要时予以更换；保持地面清洁、干爽
3	根据幼儿年龄特点制定文明盥洗的行为准则，进行盥洗室环境布置，提醒幼儿自觉遵守，养成良好的盥洗习惯与独立盥洗能力	协助教师进行盥洗室环境布置，培养幼儿养成良好的盥洗习惯与独立盥洗能力
4	注重培养幼儿的节约用水意识	幼儿午睡及离园后，分别对盥洗室进行彻底清洁、消毒

从以上的表格中，你能发现教师和保育师在盥洗环节工作内容的相同点和不同点吗？

二、认知幼儿盥洗保育的工作流程及规范

幼儿盥洗保育的基本工作内容及工作标准见表 3-9。

表 3-9　幼儿盥洗保育的工作流程及规范

序号	流程	规范
1	洗手	（1）准备香皂（或洗手液）、毛巾（一人一巾） （2）指导幼儿有序盥洗，并正确洗手（卷起衣袖→打开水龙头→打湿双手→抹上香皂（洗手液）→七步洗手法→流动水冲洗干净→关上水龙头→把手甩干→用毛巾擦干→放下衣袖），教育和提醒幼儿不玩水、不嬉戏 （3）整理盥洗台，将毛巾、香皂放在指定位置，将盥洗台整理干净，保持地面干燥

续表

序号	流程	规范
2	漱口	（1）保证一人一杯，接适量温开水 （2）提醒幼儿将漱口水含在嘴里鼓漱 3~5 次，扬起脖子、漱漱嗓子，弯腰低头将水吐入水池内，重复 3 次 （3）将水杯放入水杯格内，水杯把手朝外摆放整齐
3	刷牙	（1）刷牙前将牙刷用清水涮一涮，拿取牙膏，然后挤上黄豆粒大小的牙膏 （2）采用圆弧刷牙法，将牙刷放入口腔，刷毛轻度接触上颌最后磨牙的牙龈区，用较快、较宽的圆弧动作，以及较小的压力从上颌牙龈拖至下颌牙龈。前牙切缘对切缘接触，做连续的圆弧形颤动，舌侧面与腭侧面需往返颤动 （3）刷牙后用清水漱口，使牙齿的各个方面都能得到充分冲洗，并把牙刷、牙杯冲洗干净，甩干牙刷上的水，刷毛朝上放入刷牙杯，放回原处并摆放整齐
4	洗脸	（1）指导幼儿先用餐巾纸擦净鼻涕 （2）用毛巾擦拭眼睛→前额→脸颊→下巴、嘴、鼻子→翻转毛巾擦拭耳朵、脖子 （3）提示幼儿清洗毛巾，再擦拭一遍 （4）冬、春季洗完后均匀擦拭润肤霜
5	清洁环境	（1）清洁盥洗室，做到室内空气清新、干净整洁、地面无积水 （2）用标签区分擦拭不同位置的抹布和拖布 （3）清洁盥洗室的操作顺序：开窗通风→清理污物→冲洗水池→清洁镜子及柜子→清洁地面 （4）在中午和离园时对扶手、地面、便池等部位进行擦洗，并用浓度为 500mg/L 的含氯消毒液消毒地面，顺序是清洁区→半污染区→污染区 （5）指导值日生协助老师完成力所能及的工作

三、幼儿盥洗前的准备

安全、整洁、温馨的盥洗环境，充足、有趣的盥洗用品，对幼儿养成良好的盥洗习惯非常重要。保教老师在幼儿盥洗前需要做好哪些准备呢？

（一）幼儿盥洗前的环境准备

1．清洁盥洗室。

按照开窗通风→清理污物→冲洗水池→擦拭镜子及柜子→清洁地面的顺序进行。

用专用抹布蘸取浓度为 1∶10 的洗洁精溶液擦洗洗手池，包括水龙头，然后用流动水冲洗干净，用清水抹布擦干。

2．洗手池和盥洗室地面的消毒。

配制浓度为 500mg/L 的含氯消毒液，用专用毛巾对台盆及龙头进行擦拭消毒；用专用拖布进行地面擦拭消毒。将有标识的抹布、拖布清洁后固定安放（如图 3-9 所示）。

3．每个水龙头旁准备好香皂（洗手液），用完及时添补。

4．消毒毛巾每人一块，放在幼儿方便拿取的位置（如图 3-10 所示）。冬、春季准备护肤品。

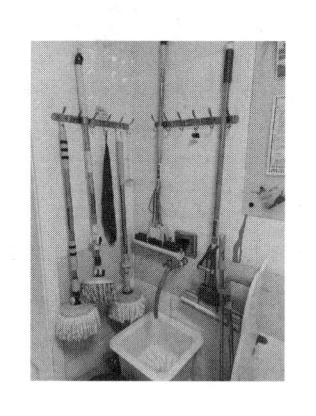

图 3-9　清洁工具的摆放　　　　　　　图 3-10　准备消毒毛巾

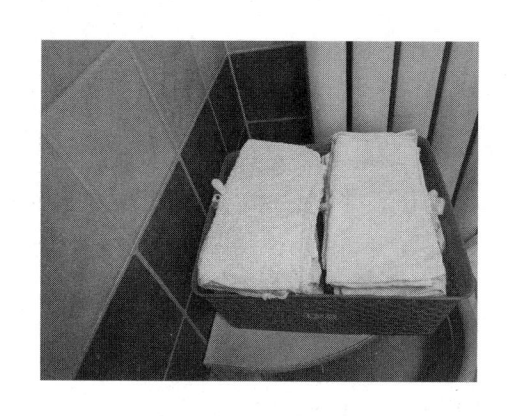

（二）幼儿盥洗前的安全教育

通过讲道理、讲故事、看视频、玩游戏等形式，让幼儿认识到盥洗安全、卫生要求及注意事项，对幼儿出现的打闹、玩水等情况，要及时给予提醒和引导。让幼儿分组进行盥洗，避免拥挤。

四、幼儿良好盥洗习惯与独立盥洗能力的培养

幼儿盥洗时，保教老师应在一旁观察、照护、指导，在帮助幼儿清洗干净的同时，让幼儿养成良好的盥洗习惯，培养其独立盥洗的能力。

（一）探索幼儿独立盥洗能力和良好盥洗习惯的内涵

1．幼儿独立盥洗能力。

（1）自觉、及时、正确使用七步洗手法洗手，穿长袖衣服时知道卷袖子。

（2）饭后会用鼓漱法及时漱口，会用圆弧刷牙法刷牙。

（3）会用湿毛巾擦拭法洗脸，将洗好的毛巾整齐挂到贴有照片或名字的毛巾挂钩上。

2．幼儿良好盥洗习惯。

（1）懂得饭前、便后、手脏时及时自觉清洗，随时保持手的清洁。

（2）饭后漱口，每天早晚洗脸、刷牙，午睡后洗脸、梳头。

（3）遵守盥洗秩序，知道人多时要排队，有序进入盥洗室，轮流盥洗，不追跑打闹、不玩水，不大声喧哗，有节约用水、用洗手液和香皂的意识。

（二）培养幼儿独立盥洗能力和良好盥洗习惯的方法

幼儿盥洗时，保教老师要同幼儿一起进入盥洗室，对幼儿的盥洗进行具体的指导。保教老师可根据幼儿的年龄特点，采取以下措施来培养幼儿的独立盥洗能力和良好盥洗习惯。

1．正确示范。

对于年龄小的幼儿，保教人员可以采取的指导方式是边示范边讲解，指导幼儿按照正确的方法进行盥洗。

2．游戏参与。

引导幼儿通过玩各种有趣的与盥洗有关的游戏，使幼儿在参与的过程中了解盥洗的重要性，学习科学的盥洗方法。

3．运用文学、艺术作品、指示性图片。

保教老师可以用讲故事、念儿歌、看视频等方式进行盥洗教育，增强盥洗活动的趣味性，让幼儿在轻松愉快的氛围中受到歌曲和故事等的引导，了解正确盥洗的好处和不规范盥洗的严重后果；在盥洗室墙壁上张贴浅显易懂的演示图片，使幼儿按照图示盥洗（如图 3-11，图 3-12 所示），掌握盥洗的要点。

图 3-11　盥洗教育提示　　　　图 3-12　指示性图片示七步洗手法

《刷牙歌》

小小牙刷手中拿，早晚刷牙要用它。牙齿外面圆弧刷，牙齿里面颤动刷。咬合面是来回刷，刷牙就像在画画。每个牙面仔细刷，做个爱牙好娃娃。

《洗脸歌》

双手拿起小毛巾，平平整整放手心。
洗洗眼，洗洗鼻，洗洗嘴，洗洗耳。
最后擦擦小脖子，小脸洗得真干净。

4．耐心提醒指导和鼓励肯定。

对于盥洗不规范的幼儿，保教老师要及时提醒，必要时通过动作示范和语言提示、录像纠错、树立榜样等形式，让幼儿知道自己存在的问题；当幼儿在盥洗方面有点滴进步时，保教老师应通过口头表扬、同伴示范、表扬栏表扬等方式及时鼓励肯定，以强化幼儿良好的盥洗行为，加强幼儿自主自理的信心。

5．家园合作。

除了经常与家长沟通，反馈幼儿在园的盥洗情况，了解幼儿在家中的盥洗情况，使幼儿园的教育更具有针对性，还可以通过班级微信群开展专题讲座，让家长了解幼儿园盥洗习惯培养的要求及具体的指导方法，形成教育合力。

五、查找与应对幼儿盥洗时的安全隐患

幼儿盥洗时,往往存在许多安全隐患。你能找到哪些?可能导致的不良后果是什么?预防方法是什么?请小组讨论并写下结果,随后向全班展示交流。

幼儿盥洗环节的安全隐患及预防措施见表 3-10。

表 3-10 幼儿盥洗环节的安全隐患与预防措施

序号	隐患内容	预防措施
1	地面湿滑,幼儿容易滑倒,造成身体伤害	及时擦拭清理,保持地面干爽
2	盥洗人数过多,环境拥挤(如图 3-13 所示),幼儿可能出现嬉笑打闹、推搡等伤害事故	分组进行盥洗,引导、要求幼儿有序进行盥洗
3	水龙头的水流过大、台面有水,幼儿容易弄湿衣物	引导幼儿调整水流速度,挽好衣袖;保教老师及时擦拭台面
4	清洁工具、清洁消毒用品没有放到指定位置,幼儿被绊倒或发生误服的情况	严格执行专人、专柜保管制度

图 3-13 盥洗人数过多

组织实施

一、做好盥洗准备

1. 做好卫生清洁、预防性消毒工作,保持盥洗室干爽、无污垢、无异味。

2. 准备好消毒毛巾、富有童趣的香皂或洗手液等清洁物品，放在幼儿便于取放的位置（如图 3-14 所示）。

图 3-14　摆放洗手物品

3. 墙面张贴盥洗步骤提示和节水环保宣传的图片，地面布置站位、等待小标记，辅助引导幼儿养成有序盥洗的良好习惯。

4. 进行安全教育，提示幼儿准备盥洗。

二、指导幼儿盥洗

1. 组织幼儿分组有序盥洗，保教老师在盥洗室维持秩序，提示幼儿注意安全，不在盥洗室打闹，不争抢位置。

2. 在幼儿园主要进行洗手、洗脸和刷牙的指导。

（1）洗手

① 冲：帮幼儿卷好袖子至胳膊肘处，打开水龙头，注意水流切勿过大，先冲湿双手。

② 压（抹）：关闭水龙头，按压洗手液瓶，将适量洗手液放在手心（或涂抹香皂在手心转几圈）。

③ 搓：指导幼儿按照"内、外、夹、弓、大、立、腕"（如图 3-15 所示）步骤进行揉搓，每一步都要认真揉搓双手 15s 以上。

④ 洗：打开水龙头，用流动水仔细冲洗干净双手，双手接捧几次流动水，反复把水龙头冲洗干净，再关闭水龙头。

⑤ 甩：双手合十在洗手池内甩几下，防止水滴到地面造成地面湿滑。

⑥ 擦：从自己毛巾格里取下消毒好的毛巾擦手，注意手指缝也要擦干。

⑦ 挂：擦干净手后将毛巾悬挂回毛巾格（如图 3-16）。

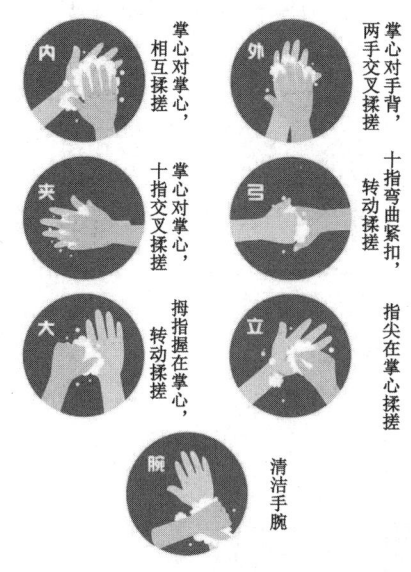

图 3-15 七步洗手法步骤　　　　　　　　图 3-16 悬挂毛巾

保教老师要仔细观察幼儿的洗手过程，对身体不适的幼儿参加盥洗要给予特殊照顾和帮助。对洗得不仔细、冲洗不干净等行为要及时提醒、指导纠正，对幼儿进行节约用水、香皂和洗手液的教育。冬、春季洗手后应擦油，防止手部干裂。

（2）洗脸

① 擤鼻涕：提醒幼儿按住一侧鼻孔用力擤鼻涕，两侧鼻孔交替进行，用纸巾擦拭干净。

② 浸润毛巾：幼儿从毛巾架上取下小毛巾，用水冲湿拧干后包在左手上，右手攥住毛巾。

③ 擦拭：按照眼睛、嘴、前额、脸颊、鼻子、下巴、脖子及耳朵的顺序进行擦拭。

擦拭眼睛时要求幼儿将眼睛闭上，先擦洗内眼角，内眼角向里擦；再擦外眼角，外眼角向外擦，然后反复横向擦拭眼皮。

擦拭嘴时要求幼儿将毛巾翻到右手上，左手攥住毛巾，先张开嘴擦两边嘴角，然后闭上嘴巴擦嘴唇。最后用毛巾在嘴巴、眼睛、鼻子周围擦拭一圈。

擦拭面部时指导幼儿用毛巾反复在前额、脸颊和下巴处转三个大圈，将面部清洁干净。

擦拭耳朵时要擦耳朵的前边、耳郭和耳朵的后面。

擦拭脖子时先擦脖子的两侧，再擦脖子的前边，最后擦拭脖子的后面。

擦拭鼻部时要求幼儿手拿毛巾一角，轻轻擦拭鼻孔和鼻翼边缘。

④ 重复擦拭：清洗毛巾后，再擦拭一遍。

⑤ 清洁、悬挂毛巾：将毛巾清洗干净，拧干后擦干双手，折好毛巾，悬挂在毛巾架上。

⑥ 擦油：冬、春季洗脸后应擦油保护面部皮肤。

（3）刷牙

早晚刷牙是预防幼儿龋齿的重要途径，牙齿刷的好与坏会影响儿童的营养摄取与健康。

三岁是幼儿开始学习刷牙的适宜年龄。应选择能够引起孩子刷牙兴趣，适合手握、不滑的卡通牙刷柄和小头、软毛的儿童牙刷（如图 3-17 所示）。刷牙应在餐后 15~20min 进行，每次刷牙时间至少坚持 3min 以上才能有效清洁口腔。

① 指导幼儿冲洗漱口杯和牙刷，将漱口杯接多半杯清水。

② 一手握紧牙刷柄，另一只手将黄豆粒大小的牙膏挤涂在牙刷头的刷毛上。

图 3-17　幼儿刷牙用具

③ 指导幼儿用圆弧刷牙法刷牙，要领为用连续圆弧动作，让牙刷头转小圈。圆弧刷牙法步骤如下：

首先刷牙齿外侧面，将牙刷倾斜 45°，用刷头从上后牙牙龈区，以向前画圆弧的动作刷牙，每个牙面都有重叠，确保每个牙齿的表面都被刷到，轻柔地刷到下排牙龈区，从后牙区逐渐刷到前牙区，先刷一侧再刷另一侧。

接下来刷牙齿内侧面，刷后牙时，前后往复短距离震颤；刷前牙时，可将牙刷柄竖起，上下提拉震颤。

最后刷牙齿咬合面，将刷毛垂直于牙齿的咬合面，稍用力做前后短距离来回刷的动作。

④ 用牙刷把舌头也轻轻地刷一下，清理干净舌头表面的食物残渣，用鼓漱法漱口。

⑤ 将牙刷在漱口杯里用水洗涮干净，手柄朝下放在漱口杯中，放回原处。

当发现盥洗方法不正确的幼儿时，应及时、耐心地给予幼儿语言提示和动作示范矫正。

小贴士：

① 保教人员仪容仪表。

在给低龄幼儿洗手时，动作一定要轻柔，语言和蔼可亲，禁止留长指甲或戴戒指。

② 指导孩子洗手。

需要提醒幼儿双手略向下倾斜，避免水顺着手臂倒流弄湿衣袖。

③ 洗手液和香皂的选用。

在幼儿园一般建议使用洗手液，只要轻轻一按就可以使用，方便安全；而香皂遇水后会比较滑，多人使用后香皂上还有可能残留细菌，如选用香皂应保持香皂干燥，潮湿的香皂易引起细菌的滋生，洗手后不仅达不到消毒的目的，反而会污染双手。

三、盥洗后清洁与沟通

1．按要求做好环境清洁卫生、消毒等工作。

幼儿盥洗过程中，保教老师要及时用干拖把擦干地面的水，防止幼儿摔倒。等到最后一个幼儿洗完手离开盥洗室后，用吸水毛巾擦去台面上的水，定时用消毒水擦拭消毒。摆放整齐各类物品。

2．及时与家长沟通，实现家园合作。

对存在盥洗问题的幼儿，除在离园时直接与家长进行个别沟通客观反映在园情况，了解幼儿在家中的盥洗情况外，还可以通过家园联系栏、班级微信群等多种途径向家长进行盥洗保育相关知识经验的普及，以实现家园同步合理解决问题。

评价反思

表 3-11　模拟幼儿盥洗保育任务评价单

评价项目	评价要求	星级
盥洗准备工作	环境	☆☆☆
	物品准备	☆☆☆
	安全	☆☆☆
指导幼儿盥洗	语言提示和要求	☆☆☆
	盥洗技能辅导和习惯养成	☆☆☆
	关注、关爱幼儿	☆☆☆
盥洗后	环境清洁卫生、消毒	☆☆☆
	与个别家长沟通	☆☆☆

备注：优秀涂 3 颗星，良好涂 2 颗星，达标涂 1 颗星，未达标不涂星。

测一测

一、判断题（将答案写在括号内，正确的打"√"，错误的打"×"）

（　　）1．指导幼儿洗脸时，眼角、前额、脸颊、鼻孔下、口周、下巴、脖子、耳朵都应洗到。

（　　）2．幼儿每次刷牙的时间应不少于 2min。

（　　）3．保教老师应指导幼儿使用流动水洗手。

（　　）4．幼儿洗脸时，保教老师要准备摆放好每人一块的消毒毛巾、洗手液或香皂等清洁物品，冬、春季要准备好护肤品。

（　　）5．幼儿年龄小，盥洗时只需要学习方法，注意安全，不用进行节约用水的教育。

二、单项选择题（从给出的选项中选出一个正确选项的字母填在括号内）

1．养成良好的（　　）习惯是帮助儿童远离细菌，预防儿童腹泻和肺炎的最为经济高效的方法。

　　A．洗手　　　　　　　　B．刷牙
　　C．洗脸　　　　　　　　D．洗衣服

2．七步洗手法的正确步骤为（　　）。
　　A．内、外、夹、弓、大、立、腕
　　B．腕、内、外、夹、弓、大、立
　　C．外、内、弓、夹、大、立、腕
　　D．内、外、大、夹、弓、立、腕

3．（　　）岁的幼儿应开始学习刷牙。
　　A．1　　　　　　　　　　B．2
　　C．3　　　　　　　　　　D．4

4．幼儿刷牙时容易遗漏的部位是（　　），保教老师应及时提醒。
　　A．牙冠　　　　　　　　B．内侧面
　　C．外侧面　　　　　　　D．以上都是

5．年龄小的幼儿盥洗时，保教人员采取的最好指导方式是（　　）。
　　A．讲解　　　　　　　　B．边示范边讲解
　　C．示范　　　　　　　　D．图示法

三、拓展题

1．反思自己在模拟盥洗实习中存在的问题及其对幼儿健康成长的不利影响。

2．在幼儿盥洗环节中，蕴藏着许多审美教育元素，你能找到并做到吗？

3.3 幼儿如厕保育

3.3.1 微课视频：
幼儿如厕环境创设

3.3.2 微课视频：
如厕保育的家园沟通

学习目标

1．知识目标：
（1）说出幼儿如厕保育的保教价值。
（2）识记幼儿如厕保育工作的基本内容、工作流程及规范。
（3）列举幼儿独立如厕能力和良好如厕习惯的一般培养方法。
2．能力目标：
（1）能够小组合作模拟进行如厕前准备和如厕后清洁消毒的规范操作。
（2）能够小组合作模拟对小班幼儿进行轻松排便教育。
（3）敏锐发现幼儿如厕时的安全隐患，说出预防措施。
（4）能够小组合作模拟进行与排便特殊幼儿家长的沟通交流，实现家园合作。
3．素质目标：
（1）认同"幼儿为本""生活即教育"理念，尊重、信任、关爱幼儿，树立重视和正确看待幼儿如厕环节，培养幼儿的生活自理能力的工作意识。
（2）贯彻"保教结合""家园合作"原则，树立一切活动为幼儿健康成长负责任的职业服务意识。

学习导语

如厕看似是一个很普通的生活活动，却蕴含着许多重要的生理价值和心理价值。对大多数幼儿来说，在园如厕是一种挑战。因此，保教老师应为幼儿创设轻松的如厕环境，对不同年龄阶段的幼儿采取适宜的教育策略，支持幼儿学会正确的如厕方法，养成主动如厕、卫生如厕、独立如厕的良好习惯，增强他们自我服务的能力。

引导案例

楠楠今年 3 岁半，幼儿园老师向楠楠妈妈反映说楠楠已经出现几次尿裤子的情况了，平时也不常见他主动去上厕所，好像总是憋着，小朋友都取笑他，老师说这对楠楠的身体不好，小朋友的取笑也很容易让他自卑。妈妈对此很纳闷,楠楠在家里好好的,但为什么到了幼儿园就忘记了这个"如厕技能"呢?

作为未来的保教老师,你分析一下可能的原因,并思考你能用所学的知识解决吗?

学习探究

一、认知幼儿如厕保育的保教价值

(一)幼儿如厕保育的保教价值

轻松如厕,既能满足幼儿正常的生理排泄需要,也能培养幼儿掌握独立如厕的基本技能,遵守如厕常规,养成健康的如厕习惯,促进其身心和谐发展。

(二)幼儿如厕保育工作的基本职责

表3-12 保教老师在幼儿如厕环节的保育工作内容

序号	工作内容	
	教师	保育师
1	营造安全、宽松、和谐的如厕氛围	定期消毒,保持厕所地面清洁干燥、室内空气清新、便池洁净且无异味。做好幼儿如厕的物质准备,准备好卫生纸,方便幼儿取用。在厕所地面、前面、栏杆扶手、便池等位置张贴图片或标记,以引导幼儿正确、有序地如厕
2	带领刚入园的幼儿认识男女厕所的环境、设施,了解设施的使用方法,培养幼儿保护身体私密部位的卫生及安全意识	协助教师培养幼儿保护身体私密部位的卫生及安全意识
3	根据幼儿的实际情况,提出安全、正确、有序如厕的要求,强调注意事项	关注、看护幼儿的如厕过程,根据幼儿年龄培养其独立如厕能力及良好习惯,确保幼儿安全如厕,帮助自理有困难的幼儿
4	分批或根据幼儿需要灵活组织、指导幼儿正确如厕;引导并允许幼儿在学习与游戏中,根据自己的需要及时就近如厕	引导并允许幼儿在学习与游戏中,根据自己的需要及时就近如厕。细心观察幼儿大小便,及时发现并正确应对幼儿的异常便问题,及时通知教师,并与家长沟通
5	了解幼儿在家大小便的习惯,以便有针对性地关注、提醒、指导幼儿排便,要求幼儿便后洗手	了解幼儿在家大小便的习惯,以便有针对性地关注、指导幼儿排便
6	针对如厕情况,与家长进行如厕保育有关问题的沟通;请家长准备1~2套幼儿大小便污染衣服后的备用衣服放在幼儿园	及时回应有如厕需要的幼儿,及时为遗尿、排便时弄脏衣物的幼儿更换、清洗衣物,做好幼儿身体的擦洗工作

从以上的表格中，你能发现教师和保育师在如厕环节工作内容的相同点和不同点吗？

二、认知幼儿如厕保育的工作流程及规范

幼儿如厕保育的基本工作内容及工作标准，具体的工作标准见表3-13。

表3-13　幼儿如厕保育的工作流程及规范

工作流程	工作内容	工作标准
1. 如厕准备	1.1 物品	准备好卫生用品（手纸、洗手液、消毒毛巾），方便幼儿随时取用
	1.2 环境	（1）保持盥洗室地面干燥，空气清新，便池无异味 （2）张贴醒目的图片或标记，营造温馨、安静的排便环境
2. 如厕	2.1 安全	（1）分组组织幼儿有序如厕，避免拥挤、争抢位置，注意安全 （2）幼儿排便时，保教老师在一旁观察照顾，对年龄小的幼儿给予帮助 （3）提醒幼儿如厕中若有身体不适或需要老师帮助时，要及时告知老师 （4）关注幼儿大小便次数、性状等，关注特殊幼儿身体表现，如有异常便应立即处理，及时对便池进行清洗、消毒
	2.2 如厕能力	（1）关注男女分厕，指导男孩、女孩正确大小便的方法 （2）耐心指导年龄大的幼儿用卫生纸从前往后擦净臀部，学习脱裤子、提裤子 （3）帮助年龄小的幼儿擦干净臀部并穿好裤子 （4）培养幼儿主动大小便的能力（睡眠前后、户外活动前等都要提醒） （5）及时为遗尿、遗便的幼儿清洗，更换衣裤
	2.3 卫生习惯	（1）指导幼儿节约用纸、节约用水，文明如厕 （2）提醒幼儿便后冲水，废纸入篓（桶） （3）提醒幼儿便后洗手，保持良好的个人卫生习惯
3 厕所清洁	清洁消毒	（1）及时清理洗手间地面水渍，保持地面干燥，空气清新 （2）按要求做好便池清洗、消毒（消毒程序及要求见"消毒工作"） （3）及时清理废纸，保持废纸篓（桶）清洁、卫生

三、幼儿良好如厕习惯与独立如厕能力的培养

培养幼儿健康生活习惯与能力，有益幼儿终生。幼儿良好如厕习惯和独立如厕能力的一般培养方法有以下几点：

（一）及时提醒主动如厕

幼儿在排便前，通常都会有身体信号，保教老师要敏锐发现这些信号，第一时间提醒、督促幼儿。

幼儿在排大便前常排出有臭味的气体，同时伴有身体用力的动作，发出使劲的声音；排小便前也会出现打冷战的反应，保教老师要及时帮助幼儿脱掉裤子，督促排便。要让幼儿知道，大小便是很正常的生理需求，不紧张，不拒绝，要大胆地告诉老师，有便随时如厕，不憋大小便。大小便如有异常，要主动告诉老师。

（二）积极回应，不训斥

对于有遗尿、遗屎的幼儿，不批评、不训斥、不埋怨，耐心地为他们更换、清洗衣物，告诉他们正确的做法，帮助幼儿消除心理障碍，保护幼儿的自尊心。

（三）教会独立如厕技能

创设良好的如厕环境后，还需要保教老师抓住幼儿的兴趣点，让幼儿意识到自己有能力、愿意主动如厕。具体的方法包括：

1．讲故事，说儿歌。

选取一些以如厕为主题的小故事，如绘本故事《我要拉粑粑》《如厕歌》等，启发幼儿有便意要去洗手间，帮助幼儿学习擦屁股的方法等。

儿歌 1：小朋友，要知道，及时如厕很重要。进出厕所守规则，看清标记不滑倒。安全卫生记心里，争做文明好宝宝。

儿歌 2：妈妈夸我本领大，拉完便便自己擦。脏纸放进纸篓里，两手用力把裤提。便后记住要冲水，最后把手洗干净。

2．玩游戏。

让幼儿参与游戏，在游戏中练习给布娃娃擦屁股，或是让幼儿扮演不同的小动物，轮流演示上厕所。

3．生活栏展示进步。

在活动室墙面上布置一个生活栏，为每个幼儿设置一个专属的展示区，保教老师可将当天幼儿在如厕方面的进步表现展示出来，既可以加强幼儿自主自理的信心，又让来接幼儿的家长看到孩子的进步。

4．生活卡带回家，家园共育。

配合幼儿在园生活活动的内容，保教老师可以利用一些有家园沟通功能的卡片，让幼儿带回家，一方面向家长展示幼儿在园如厕环节中的进步，另一方面也可以请家长在家继续营造幼儿自主自理的氛围，不要包办代替，多给幼儿自己练习的机会，巩固生活教育的效果。

通过学习训练，幼儿要具备以下基本技能：

（1）在规定的马桶（便池）内大小便（如图 3-18、图 3-19 所示），便后能主动冲厕所。

| 图 3-18 儿童马桶 | 图 3-19 男孩小便池 |

（2）专心排便，不说话、不玩耍、不吃东西。

（3）会独立脱穿整理衣服。

（4）中、大班幼儿便后学会用手纸正确擦屁股。（要从前向后擦，女孩小便后也应擦拭；小班幼儿老师可帮助他们擦拭干净。）

（5）便后用香皂或洗手液洗手，不在厕所逗留、玩耍。

四、识别与应对幼儿的异常大小便

幼儿身体的许多异常都会通过大小便反映，因此幼儿大小便时，保教老师应在旁边照顾、帮助，并观察其大小便有无异常。正常与异常大小便的特征对比见表 3-14。当发现幼儿有大小便异常时，保教老师应留样送检告知保健医生，并立即对便器按规定进行消毒。保健医生根据情况来处理，若情况严重，应尽快告知家长立即就医。如果是心理因素引发的尿频、便秘，保教老师要了解导致精神刺激的诱因，多理解、安抚，耐心指导，消除幼儿紧张、焦虑的情绪。

表 3-14 正常与异常大小便的特征比较表

小便			大便		
项目	正常	异常	项目	正常	异常
次数/天	6~7	8~20	次数/天	1~2	0；3 次以上
毫升/次	1000	少于 1000	形状	柔软条状	糊状、羊粪状、柱状、稀水状、米泔状、黏冻状的脓血
颜色	淡黄	红茶色、血色	颜色	黄褐	黑亮色、果酱色
透明度	澄清透明	浑浊	/	/	/
气味	无特殊气味	味道重	气味	一般臭味	味道重

五、查找与应对幼儿如厕时的安全隐患

幼儿如厕时,往往存在许多安全隐患。你能找到哪些?可能导致的不良后果是什么?预防方法是什么?请小组讨论并写下结果,随后向全班展示交流。

幼儿如厕环节的安全隐患及预防措施见表 3-15。

表 3-15　幼儿如厕时的安全隐患及预防措施

序号	隐患内容	预防措施
1	地面湿滑(如图 3-20 所示),有杂物,幼儿容易滑倒造成摔伤、磕伤	及时擦拭,保持干爽
2	如厕人数过多,环境拥挤,易发生幼儿被推倒等伤害事故	和孩子一起制定规则,在墙壁上张贴标志图案,引导幼儿不相互推搡;分组有序进行,保教老师加强巡视并及时帮助与提醒幼儿
3	清洁工具、清洁消毒用品没有放到指定位置,幼儿被绊倒或发生误服的情况	严格执行专人、专柜保管制度(如图 3-21 所示)

图 3-20　厕所地面湿滑　　　　　　图 3-21　消毒用品专柜存放

六、模拟表演与个别家长进行如厕保育有效沟通

要培养幼儿的良好如厕习惯和独立如厕能力,就必须进行家园合作。保教老师如果发现

幼儿有异常大小便，也需要与家长沟通。保教老师需要与哪些幼儿家长进行沟通？请小组讨论并列举这些幼儿的情况，选取其中一例，运用身边的资料和自身的生活经验，小组合作设计沟通的内容，模拟表演沟通的情节，随后在全班展示沟通的过程。

_____

保教老师与家长沟通的注意事项：

1．交代清楚幼儿的年龄班。
2．说清楚幼儿目前存在的如厕问题对身体的不利影响以及教师的担忧。
3．具体说明幼儿园已经做的工作。
4．对家长提建议要委婉、慎重。
5．与家长沟通孩子的问题时，需要幼儿不在现场，其他家长不在旁边，以免尴尬。

组织实施

一、做好如厕准备

1．清洁厕所环境，保持空气清新，地面干燥，无异味。
2．准备摆放手纸、洗手液（香皂）、消毒毛巾等物品，放在幼儿便于取放的位置（如图3-22所示）。
3．卫生间清洁物品要存放在幼儿够不到的地方，做好安全防护（如图3-23所示）。

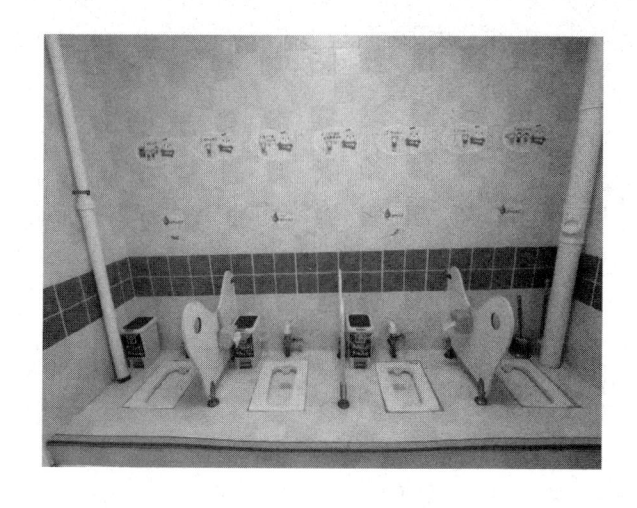

图 3-22　摆放手纸　　　　　　　　　图 3-23　清洁物品摆放

4. 提示幼儿准备如厕。如厕的顺序为洗手→脱裤子→蹲坑→排便→擦屁股→提裤子→冲水→洗手。

💡 **小贴士：**

① 马桶常堵怎么办

洁厕灵能疏通马桶，如果马桶常出现堵塞的现象，可以每三天在马桶里放一些洁厕灵，盖上马桶盖浸泡 5~10min，然后用水清洗。

② 教孩子不浪费卫生纸

针对中、大班的孩子，可以以卫生纸上的虚线为标准，提醒幼儿一次使用 2 格或 3 格。

③ 教会幼儿塞裤子

塞裤子是幼儿需要长期培养的一种自理能力。冬天和夏天塞裤子的差异比较大。我们要从小班着手，从夏天就开始对幼儿进行指导。指导塞裤子的重点步骤：

第一步：除内裤之外，把所有的裤子脱到屁股下面。

第二步：把上身的背心或者秋衣拉下来，抚平。

第三步：把紧贴内裤的秋裤或外裤提上来，套在背心和秋衣的外面。

第四步：把所有外裤从内到外一层一层往上提。

二、指导幼儿如厕

1. 组织幼儿分组有序如厕，提示幼儿不在厕所打闹，不争抢位置，注意安全。

2. 指导幼儿正确脱裤子、提裤子、整理衣服。脱裤子的顺序是先脱外裤，再脱内裤，裤子脱至靠近膝盖位置。

3. 提示幼儿大小便入池，辅导幼儿使用厕纸正确擦屁股，方法是从前往后擦，然后把纸折叠好再擦一次，将用过的纸投入垃圾桶。协助年龄小、能力弱的幼儿擦拭屁股。

4. 控制幼儿每次排便时间为 5~10min，幼儿在排便过程中不玩耍、不吃东西。

5. 提醒、检查幼儿养成便后冲水和便后洗手的习惯。

6. 让所有孩子都在保教老师的视线范围内，观察幼儿大小便情况，发现异常及时处理。

7. 及时处理幼儿的遗尿、遗屎情况，及时为他们清洗屁股，更换、清洗衣物。

三、如厕后清洁与沟通

1. 按要求做好环境清洁卫生、消毒等工作。

2. 及时在离园时与个别存在问题的幼儿家长进行如厕保育内容沟通，了解幼儿在家的情况和问题背后的原因，对症下药，实现家园合作共育。

评价反思

表 3-16　模拟幼儿如厕保育任务评价单

评价项目	评价要求	星级
如厕准备工作	环境	☆☆☆
	物品准备	☆☆☆
	安全	☆☆☆
指导幼儿如厕	语言提示和要求	☆☆☆
	如厕技能辅导和习惯养成	☆☆☆
	关注、关爱幼儿	☆☆☆
如厕后	环境清洁、消毒	☆☆☆
	与个别家长沟通	☆☆☆

备注：优秀涂 3 颗星，良好涂 2 颗星，达标涂 1 颗星，未达标不涂星。

测一测

一、判断题（将答案写在括号内，正确的打"√"，错误的打"×"）

（　　）1．幼儿大小便时，保育师老师可以边打扫厕所边照看指导。

（　　）2．对尿裤子的幼儿，保育师老师应及时为其换洗衣物，并进行批评教育。

（　　）3．保育师要培养幼儿排便时不吃东西、不玩耍，小便次数不可过于频繁的习惯。

（　　）4．幼儿用卫生纸擦屁股时，应从后往前擦净臀部，将污纸扔进纸篓。

（　　）5．幼儿正常每天的小便次数为 8～9 次。

二、单项选择题（从给出的选项中选出一个正确选项的字母填在括号内）

1．培养幼儿良好的排便卫生习惯就是要他们做到（　　）。

　　A．随意排便　　　　　　　B．控制排便时间

　　C．定时排便　　　　　　　D．以上都是

2．以下是保育师在幼儿园如厕时的护理要点，其中不正确的是（　　）。

　　A．分小组进行，每组时间为 5～10 min

　　B．注意膝、腰、腹部的保暖

　　C．打扫厕所

　　D．帮助、照顾、观察

3. 在幼儿大小便时，保育师的工作职责是（　　）。

　　A．指导　　　　　　　　　　B．照顾

　　C．观察　　　　　　　　　　D．以上都是

4. 保育师应根据多种因素提醒幼儿大小便，不需要考虑的因素是（　　）。

　　A．按规定时间安排大小便　　B．幼儿的年龄

　　C．大小便间隔的规律　　　　D．情绪、饮食和气候

5. 幼儿患遗尿症的主要原因是（　　）。

　　A．饮水过多　　　　　　　　B．没有养成良好的排尿习惯

　　C．玩的需要没有得到满足　　D．食量大

三、拓展题

1. 反思自己在模拟如厕实习中存在的问题及其对幼儿健康成长的不利影响。
2. 在幼儿如厕环节中，蕴藏着许多审美教育元素，你能找到吗？

3.4　幼儿进餐保育

3.4.1 微课视频：
餐前保育的操作规范

学习目标

1. 知识目标：

（1）说出幼儿进餐保育的任务、职责及其对幼儿健康成长的价值。

（2）识记幼儿进餐保育工作的基本内容、工作流程及规范。

（3）列举幼儿独立进餐能力和良好进餐习惯的培养方法。

2. 能力目标：

（1）能够小组合作模拟进行餐前准备、餐后整理的规范操作。

（2）能够针对体弱儿、肥胖儿、挑食儿等特殊幼儿，小组合作模拟进行正餐保育工作。

（3）能敏锐发现幼儿不良进餐姿势和进餐时的安全隐患，及时纠正并采取预防措施。

3. 素质目标：

（1）认同进餐环节的保教价值，树立逐步培养幼儿良好的进餐习惯的工作意识。

（2）贯彻"保教结合""家园合作"原则，树立一切活动为幼儿健康成长负责任的职业服务意识。

学习导语

3~6岁是儿童生长发育的关键时期，进餐时保证幼儿摄取丰富营养，养成良好的饮食行为习惯，直接关系到幼儿的健康成长。幼儿在幼儿园能否吃好、吃饱，也是家长最关心的问题之一。全日制幼儿园除提供一日三餐外，在上午和下午各有一次加餐。由于幼儿消化系统、免疫系统发育不完善，生活自理能力不强，幼儿园应高度重视幼儿进餐保育工作。保教老师应努力使每个幼儿愉快地吃完自己的食物，巡视指导幼儿正确使用餐具；观察幼儿进食量；纠正幼儿不良进餐习惯；对特殊幼儿给予个别照顾；及时处理异常情况。

引导案例

11:20—12:00是××幼儿园的午餐时间。保育师高老师每天10:50就开始做准备：清洁、消毒好餐桌及操作区，到配餐间领取餐具和食物，将今天的午餐食物名称告诉同班老师后，开始分发餐具和饭菜。

同班老师在10:50开始组织安静游戏，随后结合今天饭菜的种类进行餐前教育，激发幼儿的食欲，同时提醒幼儿吃饭的注意事项；11:05开始组织幼儿分组进入盥洗室洗手后入座。幼儿午餐时保教老师提醒幼儿细嚼慢咽，特别关注和照顾挑食儿、体弱儿、肥胖儿等特殊幼儿。幼儿吃完饭菜，高老师提醒并指导幼儿放好餐具、漱口、擦嘴。待幼儿用餐完毕后，高老师收拾好餐具送至配餐间，回来开始清洁、整理桌面和地面。

你觉得高老师是一个称职的保教老师吗？为什么？

学习探究

一、认知幼儿进餐保育的保教价值

（一）幼儿进餐保育的保教价值

6岁前是幼儿身心发展最为迅速的时期，在这一时期他们新陈代谢旺盛，每天必须从膳食中摄取充分的热量、蛋白质、维生素、矿物质等营养素，才能满足他们机体生长发育和活动的需要。如果此时摄取的营养物质不足甚至缺乏，就会阻碍幼儿身体的发展，甚至还会影响其智力的发展，进而对幼儿一生的健康成长产生难以弥补的损害。

进餐环节是培养幼儿良好饮食习惯、进餐习惯的最佳环节，也是培养幼儿生活自理能力和服务意识的良好契机，保教老师可引导幼儿自己盛饭、整理餐具、清扫环境等，引导幼儿在完成自我照顾的同时，关照集体环境，尽己所能服务他人。

（二）幼儿进餐保育工作的基本职责

表3-17 保教老师在幼儿进餐环节的保育工作内容

序号	工作内容	
	教师	保育师
1	餐前30min，组织幼儿进行相对安静的活动；进行餐前教育，向幼儿介绍食谱，激发幼儿食欲，了解并尊重幼儿的饮食习惯；提醒幼儿进餐的注意事项	餐前30min，对幼儿餐桌及操作区进行清洁和消毒
2	营造宽松、愉快的进餐环境和氛围，播放优美的进餐音乐，餐前15min组织幼儿有序规范的盥洗	领取食物、餐具，指导中、大班值日生协助做好准备工作
3	帮助或指导幼儿自主取餐、进餐，减少等待时间	确保所提供的食物温度适宜，放在安全的位置。了解班级幼儿进食情况，分餐时先分主食、配菜，后分汤，防止幼儿食用汤泡饭；照顾有特殊需要的幼儿（特别是食品过敏儿）
4	及时纠正个别幼儿不良的进餐习惯，指导幼儿细嚼慢咽，针对进餐特殊儿的不同情况进行相应的保育护理，对进餐能力较弱、身体不适的幼儿给予帮助；随机对幼儿进行膳食营养、进餐礼仪方面的教育，引导先吃完的幼儿开展自主活动，并提醒幼儿活动时不要影响其他幼儿进餐	提醒幼儿进餐的注意事项，指导幼儿细嚼慢咽，针对进餐特殊儿的不同情况进行相应的保育护理，及时纠正个别幼儿进餐的不良习惯；指导幼儿文明进餐
5	引导幼儿完成餐后的餐具收拾整理工作，培养幼儿饭后擦嘴、漱口的习惯	提醒、指导幼儿将餐具放置指定地点，并擦嘴、漱口和洗手；指导中、大班值日生协助做好餐具、桌椅、地面等的清洁整理工作
6	根据季节、天气、课程内容和本班幼儿的成长需要，灵活组织开展集体或幼儿自选的餐后安静活动	做好用餐环境及物品的清洁卫生工作，收拾好餐具并送回配餐室

从以上表格中，你能发现教师和保育师老师在进餐环节工作内容的相同点和不同点吗？

二、认知幼儿进餐保育的工作流程及规范

幼儿进餐保育的基本工作内容及工作标准见表3-18。

表 3-18　幼儿进餐保育的工作流程、工作内容及规范

工作流程	工作内容	工作标准
1. 餐前准备	1.1 环境创设	（1）播放轻松优美的音乐 （2）清洁消毒餐桌：用清水抹布擦去浮尘，按照从上到下、从左到右的顺序擦拭，翻转抹布后再擦拭桌子四周的边沿，用1∶100的84消毒液浸泡过的半干抹布擦一遍，20min后再用清水抹布擦一遍 （3）根据季节和气温变化调节室温：冬季一般20℃，夏季28℃为宜
	1.2 教育幼儿	（1）提醒幼儿使用七步洗手法洗手，用自己的毛巾擦手 （2）指导值日生做好餐具、餐巾摆放工作 （3）介绍当天进餐食品，讲解简单的营养知识
	1.3 取餐	（1）用流动水和香皂（洗手液）洗净双手，戴好口罩、围裙、手套 （2）保持餐具洁净，取餐过程安全、卫生，餐具加盖，食品不暴露在外 （3）保证饭菜温度适宜、数量充足
	1.4 分餐	（1）馒头、糕点等使用食品夹取餐 （2）干稀分开，先按基本定量分餐，再根据幼儿食量合理增添 （3）留意特殊体质幼儿的餐量
2. 进餐	2.1 巡视	（1）巡视幼儿进餐情况，随时添加饭菜 （2）进餐时间20～30min，关注刚刚病愈幼儿、特殊体质幼儿、吃饭慢的幼儿，不催促 （3）及时清理洒落的食物，做好突发事件处理
	2.2 进餐能力培养	（1）指导幼儿正确使用勺子和筷子等餐具，保持桌面、地面和衣服干净 （2）指导幼儿进餐和手持餐具的正确姿势：脚平放在地面上，身子略微前倾，不耸肩、不驼背，前臂自然地放在餐桌上；一只手扶碗，饭碗应该放在距桌边10cm处，一只手拿勺子或筷子 （3）提醒幼儿正确咀嚼，细嚼慢咽，一口饭，一口菜，交替搭配进餐
	2.3 进餐习惯培养	（1）提醒幼儿注意餐桌礼仪，吃饭不发出较大声音，不大声说笑，保持桌面整洁 （2）鼓励幼儿不偏食、不挑食、不暴饮暴食、不吃汤泡饭、不剩饭菜，吃完自己的一份饭菜，需要可以举手再添
3. 餐后整理	3.1 指导幼儿	（1）提醒幼儿整理自己的餐具和餐巾等，送到指定位置，清理桌面卫生 （2）提醒幼儿及时漱口或刷牙、擦嘴，保持个人卫生 （3）组织幼儿散步，散步时不做剧烈活动
	3.2 餐具整理	（1）清理餐具中残留的饭菜 （2）收拾餐具，送回配餐室
	3.3 清洁环境	（1）清洁桌面、地面，做到室内空气清新、干净整洁、地面无积水 （2）指导值日生协助老师完成力所能及的工作

幼儿对营养摄入的数量和质量相较于成人更高，但是幼儿胃容量较小，因此幼儿园往往实行"三餐两点"，即除三餐外，在上午和下午还各有一次加餐。加餐既要营养丰富，又不

能影响幼儿正餐的食欲。幼儿园加餐的食物主要有牛奶、酸奶、水果、坚果等（如图3-24、图3-25所示）。

图3-24　正餐　　　　　　　　　　　　图3-25　加餐

食物不同，保教老师要做的准备工作和护理工作也有所不同。幼儿加餐工作相关的要求见表3-19。

表3-19　幼儿加餐保育的工作内容及标准

食物种类	工作内容	工作标准
1. 豆浆、牛奶、果蔬水等流质食品	1.1 准备工作	按餐前消毒常规对桌子进行消毒，做好更换水杯准备
		组织幼儿先如厕、规范洗手
		要待食品温度适宜后方可进班，加热温度至用手心感觉微烫为宜，以防烫伤幼儿；冷藏保存取出后放置一段时间，时间不要超过2小时，让其更接近室温再让幼儿饮用
	1.2 能力习惯培养	观察协助幼儿自己从水杯架中拿取自己的水杯，不把手伸进水杯里，手不碰杯口，不玩水杯
		提示幼儿双手拿起奶壶自己倒奶至多半杯后，双手拿水杯，一手握杯把，一手握杯身，微倾斜小口喝奶
		让幼儿独立喝完自己的1份食物；关注、照护生病等特殊幼儿
		幼儿喝完豆浆、牛奶后，保育师应再给幼儿倒一些水让他们喝下去或漱口，保护幼儿口腔卫生；喝完后让幼儿擦嘴，把水杯轻轻放到自己格子里
	1.3 清洁	迅速及时将幼儿用过的水杯冲洗干净，然后放入消毒柜消毒，消毒完毕及时取出放入水杯架，以保证幼儿随时饮水及漱口
2. 水果、点心、坚果等固体食品	2.1 准备	餐桌规范擦洗和消毒，消毒后要防止再污染
		组织幼儿先如厕、规范洗手
		水果洗净削皮，放入易清洗、易消毒的盘子内，根据需要切块
		点心、坚果等按量均分在小盘里

续表

食物种类	工作内容	工作标准
2. 水果、点心、坚果等固体食品	2.2 能力习惯培养	让幼儿按顺序到指定位置领取，不推、不挤，不挑挑拣拣
		让幼儿坐在自己的位子上安静小心进食。先吃点心，后吃坚果，细嚼慢咽，不说笑打闹，避免误服果核或造成呛咳
		将自己的一份全部吃完，杜绝倒掉、扔掉等浪费现象
		特别关注对食物有过敏现象的幼儿
	2.3 清洁	及时将用过的盘子冲洗干净，然后放入消毒柜消毒、备用；清洁地面，保持地面干燥

三、幼儿良好进餐习惯与独立进餐能力的培养方法

幼儿口腔、胃容量较小，消化能力弱，因此对膳食的要求是要定时、定量，多种食物合理搭配，养成良好的进餐习惯，达到平衡膳食的目的，摄取到足够的营养，从而健康成长。幼儿良好进餐习惯和独立进餐能力的培养方法有以下几点：

（一）创设良好的进餐环境，激发幼儿的食欲

保教老师在餐前消毒桌面，指导中、大班的值日生参与摆放桌椅、餐具的工作，组织幼儿分组洗手如厕，运用多媒体设备播放一些舒缓、轻柔的背景音乐，介绍今天的菜品颜色、营养搭配及其对身体的好处，增进幼儿对饮食与健康之间关系的了解，激发幼儿食欲，稳定幼儿情绪，使幼儿安静等待进餐。

（二）餐中耐心指导，培养良好进餐习惯和独立进餐能力

1．快速分餐，鼓励幼儿独立取餐。

一般先分主食，再分配菜，等幼儿饭菜吃完后再分汤。鼓励幼儿取餐要根据幼儿的具体情况循序渐进，从主食开始，逐渐过渡到菜品。幼儿取餐后要将餐具端平，慢慢行走，回到座位后先放下餐具，再轻轻坐下，安静用餐。

2．提醒幼儿保持良好的进餐姿势。

进餐时，幼儿双脚要平放在地面上，身体坐端正，上身略微前倾，前臂自然地放在餐桌的边缘处。当发现幼儿有托腮、趴在桌上、身体倾斜倚靠餐桌、身体后仰靠在椅子背上、蹲坐在椅子上等不良姿势时应及时纠正。

3．指导幼儿正确使用餐具。

饭碗放在距桌子约 10cm 处，幼儿要一只手扶碗，另一只手拿勺子或筷子。不能用手抓饭菜。如果需要将碗端起，提醒幼儿端稳，避免将饭碗打翻。

（1）勺子的使用：用拇指、食指、中指固定勺柄，拇指放在勺柄的正面，食指放在勺柄的右侧面，中指和其余两指放在勺柄的背面，手心略微朝上；一手拿勺，一手扶碗；每一勺不要盛的太多，防止泼洒。

在小班入园初期，对于完全不会自己用勺进餐的幼儿，保教老师可准备两把小勺，一把给幼儿使用，一把留给自己。可先用自己的小勺模拟舀起一勺饭送入自己口中的过程，边做边进行讲解，吸引幼儿跟着模仿。一开始，幼儿可能无法很好得掌握这一技能，饭菜经常吃不到嘴里，保教老师要一边鼓励幼儿自己练习，一边不断地用自己的小勺喂幼儿，保证幼儿吃饱。

（2）筷子的使用：先将筷子头朝前，右手抓住筷子的中后部，拿起后如果两根筷子没有对齐，可将其在碗盘中轻轻戳齐。然后将两根筷子同时从右手的大拇指和其余的四指间穿过，上面的筷子靠在食指和中指之间，下面的筷子靠在无名指和中指之间，大拇指搭在两根筷子的中间偏上位置。下面的筷子固定，用中指和食指控制上面的筷子夹取食物。

使用筷子需要一定的技巧，学习起来有一定难度，幼儿可能会把食物撒得到处都是，进食速度也会很慢。这些都需要保教老师有足够的耐心和策略，不急躁，不批评，以鼓励为主，发现幼儿有进步及时给予表扬。可以组织专门的游戏活动，如让幼儿用筷子夹取软糖、黄豆等物品进行练习。

4．指导幼儿正确咀嚼食物。

正确咀嚼不仅能促进食物的消化，还有利于幼儿颌骨的发育。正确的咀嚼习惯包括：每一口食物不能过多，要闭口咀嚼；每一口食物都要用双侧磨牙同时或轮流咀嚼，充分咀嚼几口再咽下去，然后再吃下一口。吃带骨头的食物或鱼时，更要咀嚼仔细，防止骨头或鱼刺没有剔干净刺伤喉咙。

5．引导幼儿文明用餐，关注个体差异。

要求幼儿安静专心进餐，不敲打餐具，不大声说笑，干稀搭配，不挑食，不剩饭，不撒饭菜，保持餐桌、地面、衣物整洁。提醒把嘴里的最后一口饭菜咽下后才能站起离开饭桌。

对体弱儿、肥胖儿、挑食儿等特殊儿要特别关注，提供必要的帮助，确保他们循序渐进养成好的进餐习惯，特殊儿的类型、照护表现及具体的照护要点见表3-20。

表3-20　进餐特殊幼儿保育的照护要点

指导策略	就餐环节特殊儿的种类			
	营养不良儿	肥胖儿（单纯性）	挑食儿	食物过敏儿
1．表现	体重偏轻，精神不振，食欲差、进食量小、进餐慢、偏食等	体重超标，食欲好，吃得又快又多	只吃自己喜爱的食物而排斥其他食物	食用某种食物后免疫系统对其产生的排斥反应，如皮疹、红肿、呼吸困难、肠胃炎等，严重的会威胁生命

续表

指导策略		就餐环节特殊儿的种类			
		营养不良儿	肥胖儿（单纯性）	挑食儿	食物过敏儿
2. 环境创设	物质	优先分餐进餐，少分多添	将适量的饭菜分次提供	提供丰富食物种类	不让幼儿接近引起过敏的食物
		请厨房专门为其制作营养丰富且易消化的营养餐	适当减少主食量，将食物切成小块分给幼儿	通过烹调改变食物的形态、口感	在进餐的房间墙上张贴过敏幼儿名单和食物种类作为提示（如图3-26所示）
	心理	与食欲好的幼儿同桌	与食欲差的幼儿同桌	与不挑食的幼儿同桌	感受到老师的特别关注和关爱
		不催促，不训斥，不随意迁就	不比赛，不讽刺	不强迫，不批评	不嫌弃，不歧视
3. 具体指导		言语引导提高食欲	调整进餐顺序，先吃菜，然后喝汤，最后吃主食	正面引导，通过多种形式有针对性地介绍食品的营养知识	言语、故事讲解让所有幼儿认识到食物过敏的严重性，引导幼儿主动告知
		专心吃饭，细嚼慢咽；逐渐加量，适量喂食	细嚼慢咽，控制进餐速度	排除食物过敏情况，接纳偏好，循序渐进	吃其他食物时不挑食，细嚼慢咽，提高免疫力
		有点滴进步及时鼓励、表扬	及时肯定鼓励	耐心引导鼓励	及时引导，鼓励表扬
		告知家长在园进餐情况，提醒家庭饮食多样化，适量加餐，餐前不给零食吃	及时将进餐记录与家长反馈，提出建议，多吃粗纤维食物	家园沟通配合，多尝试找相关替代食物	入园前向家长调查了解情况，请有明确过敏史的家长为幼儿潜在的过敏原提供书面记录，以及相应的处理说明，做到心中有数；在园时发现疑似情况及时反馈确认

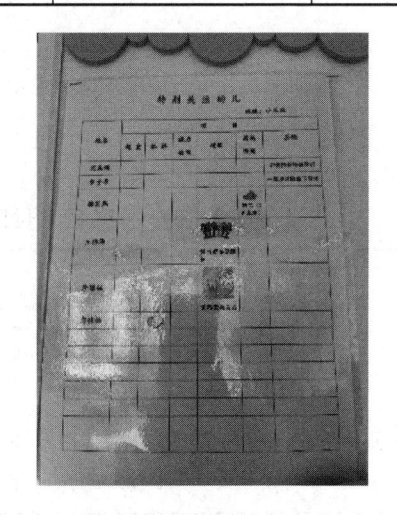

图 3-26　张贴过敏幼儿情况说明

6. 保证用餐时间，用心记录。

中、大班不少于 30min，小班不少于 40min，保证大部分幼儿吃完饭菜。对进餐的具体情况进行详细记录，如进餐行为习惯、进餐速度和食量等。

（三）餐后整理，养成好的卫生习惯

1. 引导幼儿将食物残渣倒入垃圾桶，将用过的餐具分别有序轻放在指定位置。
2. 指导幼儿饭后及时擦嘴（如图 3-27 幼儿擦嘴所示）、漱口。

《擦嘴歌》

儿歌 1：小纸巾，手中托，擦擦嘴巴折一折。小饭粒，肉末末，一二一收走了。

儿歌 2：小餐巾，两手拿，两边往中擦嘴巴。折好方块再擦擦，嘴巴变得干净啦。

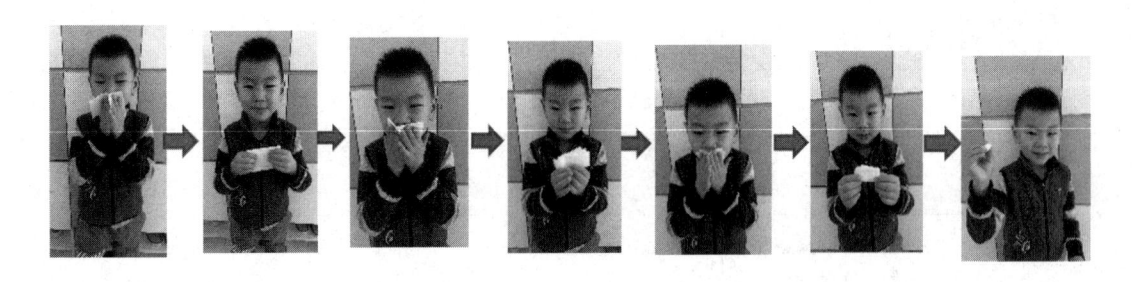

图 3-27　幼儿擦嘴

四、查找与应对幼儿进餐时的安全隐患

幼儿进餐时，往往存在许多安全隐患。你能找到哪些？可能导致的不良后果是什么？预防方法是什么？请小组讨论并写下结果，随后向全班展示交流。

_____
_____
_____
_____

幼儿进餐环节的安全隐患及预防措施见表 3-21。

表 3-21　幼儿进餐时的安全隐患及其预防方法

序号	隐患内容	预防措施
1	幼儿打翻饭菜和汤，汤洒在地面未及时清理造成地面湿滑，幼儿容易滑倒，导致摔伤	保教老师应第一时间清理污物，保持地面干爽、清洁
2	幼儿用筷子、勺子等餐具作为攻击的"武器"，被划伤、戳伤	在餐前教育环节强调餐具的安全使用要求，在进餐过程中发现幼儿有玩餐具的情况，及时提醒制止

续表

序号	隐患内容	预防措施
3	食物温度过高，保教老师没有严格按照操作规范管理，导致幼儿烫伤	保教老师要严格遵守热源不进班的规定，为幼儿提供温度适宜的食物
4	幼儿在进餐过程中说笑打闹，还没有完全咽下嘴里的饭菜就离开餐桌，发生异物阻塞气道而窒息的情况	在组织进餐的过程中，保教老师要巡视、认真观察幼儿，及时提醒、纠正幼儿存在的嬉笑打闹、坐姿不端正、咀嚼不认真等不文明进餐行为，耐心指导幼儿，帮助他们养成独立进餐的能力和良好的进餐习惯
5	幼儿之间比赛吃饭速度或保教老师催促孩子进餐，要求一律不准剩饭，出现呛咳或呕吐、腹痛现象	引导幼儿细嚼慢咽，保教老师不催促、不强迫幼儿进餐，纠正吃饭比速度的行为
6	餐前、餐后半小时幼儿进行剧烈运动，导致幼儿进餐过程和餐后出现呕吐现象	餐前、餐后半小时内组织安静活动，如散步、阅读、听故事、讨论分享等活动

组织实施

一、做好进餐准备

1. 在餐前15min，清洁消毒餐桌。保教老师要通过清→消→清的流程进行。

清：首先保育老师用专用抹布对桌面进行除尘清洁工作。擦拭的顺序为从桌子左下角依次擦至右下角，向上"之"字形擦拭完桌面后，顺势擦桌子四边沿。

消：第二遍用另一块抹布蘸取配好的消毒水（或浓度为25%的84消毒液）对桌面进行消毒工作，消毒完停留15min。

清：最后再用清水沾湿抹布擦拭一遍，清除残留消毒剂。

2. 清洁双手，将头发置于耳后，保持服装干净整洁。穿好围裙去配餐室推餐车取餐，器皿加盖，放置在固定分餐区域，防止发生烫伤。冬季注意保温，夏季注意散热，保证幼儿食物温度适宜。

3. 进行餐前教育，介绍当天午餐的食物种类和营养情况，可借助绘本、多媒体、安静轻松的小游戏等，激发幼儿的食欲。

4. 组织幼儿分组洗手、如厕。准备好的幼儿安静就座，耐心等待分发饭菜。值日生帮助保教老师分发餐具、毛巾、食物等；进餐前半个小时内不做剧烈运动，不吃零食。

5. 保教老师播放优美的轻音乐，营造宽松愉快、安静温馨的进餐氛围。

小贴士：

① 巧用洗涤灵

洗涤灵有去污作用，但不是越多越好，餐后擦拭桌面和地面时，洗涤灵的用量不要过多，只要能起到去油作用就行了。否则，清水会擦不净，造成桌面和地面发黏、发乌，加大工作强度。

② 毛巾的清洗

进餐时，每张桌上都放一块毛巾，毛巾一旦接触到深颜色的菜，就很难清洗干净。要保证每一块毛巾的干净，就是要坚持正确的清洗方法：

第一步：用清水清洗毛巾上的饭渣。

第二步：毛巾放入洗衣机之后加入洗衣粉（或洗衣液），可以适量放入0.5%的消毒剂溶液，设定好程序转动几下混均匀后，按暂停键，让毛巾在桶内浸泡10～15min，再继续洗涤（使用温水效果更佳）。这样既可消毒，又能使毛巾更加柔软。

③ 拖布的清洗

干净的拖布才能擦出干净的地面。如果拖布洗得比较干净，地面不仅干净而且无异味。在洗拖布的过程中，我们要做到：

第一步：用洗衣粉水浸泡5min。

第二步：肥皂搓洗拖布头。

第三步：用清水洗干净，再用消毒水浸泡15min。注意浸泡拖布的时间不可太长，否则拖布会掉毛，适得其反。

二、指导幼儿进餐

1．为幼儿分发饭菜：要求动作快，量均，首次到量分餐，充分考虑幼儿的个性化需求，对食物有过敏史或身体状况不佳的幼儿提前进行调控。安排吃饭慢的幼儿和体弱儿先吃。

2．提醒幼儿吃饭时坐姿正确，双腿在桌子下自然放好，小胸脯尽量贴着桌子，避免食物掉落在身上。文明进餐，遵守用餐规则和礼仪，保持桌面、地面和衣服的整洁。

3．巡回观察、照顾幼儿进餐。轻声、和蔼地指导幼儿正确使用餐具，小班幼儿用勺子，中、大班幼儿用筷子。吃饭时一手拿餐具，另一只手轻轻扶着碗或盘。喝汤时两手端着碗。提醒幼儿安静进餐，细嚼慢咽，速度适中地进餐；干稀搭配，鼓励幼儿专心吃完自己的一份饭菜，不吃汤泡饭，不挑食，不偏食，不剩饭菜，不过量进食。照顾体弱儿及肥胖儿的合理进餐（如图3-28所示），让他们愉快、认真地进食，培养幼儿文明进餐习惯及自我服务能力。在幼儿进餐时不拖地、不扫地、不催饭。

4．提醒幼儿咽下最后一口饭后再站起来，轻放椅子，独立收放餐具。指导幼儿用抹布擦干净桌面后，将碗放盘上，勺放在碗里双手拿好，轻轻地将餐具放在指定地点。

5．关注、督促幼儿擦嘴和漱口。

（1）擦嘴：将餐巾纸折叠一次后用双手擦嘴，之后再折叠一次擦嘴，最后用纸巾擦手后揉成小团扔进垃圾桶。

（2）漱口：接适量温开水，闭着嘴鼓漱3～5次后轻轻把水吐入水池，把水杯轻轻放到自己格子里。

图 3-28 照顾特殊儿进餐

三、进餐后清洁与沟通

1. 等所有幼儿都进餐结束后送回餐具，按要求进行桌面清洁、地面卫生清扫、消毒等工作。

2. 根据进餐情况记录，在离园时与个别存在问题幼儿的家长进行进餐保育内容沟通，进一步了解幼儿在家的进餐情况，提出有针对性的意见和建议。

评价反思

表 3-22　模拟幼儿进餐保育任务评价单

评价项目	评价要求	星级
进餐准备工作	环境	☆☆☆
	物品准备	☆☆☆
	安全	☆☆☆
指导幼儿进餐	语言提示和要求	☆☆☆
	进餐技能辅导和习惯养成	☆☆☆
	关注、关爱幼儿	☆☆☆
进餐后	环境清洁、消毒	☆☆☆
	与个别家长沟通	☆☆☆

备注：优秀涂 3 颗星，良好涂 2 颗星，达标涂 1 颗星，未达标不涂星。

测一测

一、判断题（将答案写在括号内，正确的打"√"，错误的打"×"）

（　　）1．保教老师应在幼儿进餐前5min用浓度为250mg/L的含氯消毒液消毒餐桌。

（　　）2．营养不良儿进餐时要安排先吃，少盛多添，让其坐在食欲好的幼儿身边，吃完自己的一份就要及时表扬。

（　　）3．要控制肥胖儿的饮食，在分餐时减少所有食物的量。

（　　）4．对挑食儿应采取的措施是让他先尝一小口，吃了就表扬鼓励。

（　　）5．要控制肥胖儿的饮食，让他少吃粗纤维食物。

（　　）6．在幼儿进餐的过程中，保育师老师的任务就是让幼儿愉快地吃完自己的一份饭菜。

（　　）7．4~5岁的幼儿可以学习使用筷子。

（　　）8．幼儿喝汤端碗的正确姿势是双手端碗。

（　　）9．保教老师应告知幼儿在咽下最后一口饭菜后才能离开座位。

（　　）10．当还剩一个幼儿在吃饭时，保育师老师就能打扫卫生了。

二、单项选择题（从给出的选项中选出一个正确选项的字母填在括号内）

1．在幼儿的进餐过程中，保育师的指导内容是（　　）。

　　A．训斥不好好吃饭的幼儿　　B．指导幼儿细嚼慢咽
　　C．鼓励幼儿争当第一名　　　D．建议幼儿吃汤泡饭

2．对初步使用筷子而动作不规范的幼儿，保育师应该（　　）。

　　A．坚决制止　　　　　　　　B．以鼓励为主
　　C．及时纠正　　　　　　　　D．以批评为主

3．值日生分发勺子和筷子时，手应捏在（　　）。

　　A．勺子、筷子的头部　　　　B．勺子、筷子的尾部
　　C．勺子、筷子的中间　　　　D．任意位置

4．值日生分发餐具时，（　　）。

　　A．碗应放在桌子上，位于两把椅子中间
　　B．一只碗对应一把椅子，碗离桌边一拳远
　　C．碗应放在桌子的中间
　　D．碗应摞着放在离桌边一拳远处

5．（　　）会降低幼儿的食欲。

　　A．缺乏运动　　　　　　　　B．舒适美观的就餐环境

C．营养、多样、美味的食物　　D．保教人员的悉心照顾

6. 幼儿进餐时保育师的任务包括（　　）。

　　A．保证幼儿愉快进餐　　　B．培养幼儿的进餐能力

　　C．培养幼儿良好的饮食习惯　D．以上都是

7. 指导幼儿进餐的错误做法是（　　）。

　　A．让胃口小、瘦小的幼儿"少盛多添"

　　B．从幼儿2岁开始，培养其自己学习吃饭

　　C．表扬吃得最快的幼儿

　　D．教育幼儿不挑食，细嚼慢咽

8. 向幼儿介绍餐饭可采用（　　）的方法。

　　A．猜菜名　　　　　　　　B．讲悬念故事

　　C．唱歌表演　　　　　　　D．做游戏

9. 幼儿进餐时，手持餐具的正确姿势是（　　）。

　　A．双手端碗吃饭

　　B．一手扶碗，饭碗放在距桌边10cm处，一手拿勺

　　C．一手扶碗，饭碗放在距桌边15cm处，一手拿勺

　　D．用饭碗顶住下巴，一手拿勺

10. 餐后要提醒幼儿（　　）。

　　A．放好餐具　　　　　　　B．擦嘴

　　C．漱口　　　　　　　　　D．以上都是

三、拓展题

1. 反思自己在模拟进餐实习中存在的问题及其对幼儿健康成长的不利影响。
2. 在幼儿进餐环节中，蕴藏着许多审美教育元素，你能找到并做到吗？

3.5　幼儿饮水保育

3.5.1 微课视频：
饮水前准备规范操作

学习目标

1. 知识目标：

（1）描述不同年龄幼儿一天的标准饮水量，并说明饮水对幼儿健康的作用。

（2）识记幼儿饮水的保育任务。

（3）描述幼儿良好饮水习惯的培养策略。

（4）列举幼儿饮水时常见的危险因素及其危害。

（5）识记特殊儿童（感冒儿、患病初愈儿、体弱儿）的饮水护理要求。

2．能力目标：

（1）能小组合作模拟进行幼儿饮水前准备工作的规范操作，总结操作小窍门。

（2）能根据幼儿年龄特点，小组合作模拟进行饮水健康教育。

（3）能根据幼儿年龄特点，小组合作模拟指导幼儿的饮水活动。

（4）能发现幼儿饮水时的安全隐患，并说出预防措施。

3．素质目标：

（1）认同饮水环节的保教价值，树立逐步培养幼儿良好饮水习惯的工作意识。

（2）贯彻"保教结合"原则，树立一切活动为幼儿健康成长负责任的职业服务意识。

（3）耐心、细心指导幼儿接水、饮水，关注安全和细节，不怕吃苦。

（4）心怀对生活保育工作的敬畏之心和对所教孩子的赤诚之情，深刻体会幼儿饮水保教价值，积极参加学习活动，善于观察、记录，及时进行反馈。

学习导语

人的一切生理活动都要有水的参与，离开水，生命就会停止。幼儿饮水保育是保教老师一天中的重要工作之一，让幼儿喝充足的水为幼儿健康成长奠定物质基础。创设安全卫生、整洁舒适、标记清晰、便于幼儿接水的饮水环境，让幼儿知道饮用充足白开水的重要性以及一日饮水量，指导、培养幼儿养成良好的饮水习惯与独立饮水能力，将使幼儿受益终身。

引导案例

小三班的保育师王老师按照一日生活的安排表，除了在幼儿户外活动前、户外活动后、午睡结束、离园前组织小朋友集中饮用白开水，还经常提示小朋友口渴了就去接水喝。但是她发现班里的小朋友有的不会用水杯喝水，总是出现呛水现象；有的上午外出活动后回来一下子喝满满一杯水，导致午餐吃得很少且午睡时出现了尿床现象；更多的小朋友不喜欢喝白开水，有几个小朋友出现了小便量少且发黄的情况，王老师非常着急，你能帮助她让班里的小朋友养成主动喝白开水的习惯吗？

学习探究

一、认知幼儿饮水保育的保教价值

（一）幼儿饮水保育的保教价值

水是生命的源泉，是人体需要量最大、最重要的营养素。水是构成人体组织的重要物质，有利于体内化学反应的进行，能运输物质、保护器官、调节体温、帮助排除废弃物。幼儿生长发育迅速，新陈代谢旺盛，机体组织中的水分相对多于成年人；幼儿年龄越小，体内水分的比例越高，需水量相对也越大。正确饮水是保证幼儿身体机能健康运转的重要途径。

幼儿饮水量主要取决于他们的活动量、饮食以及气候等因素，通常气温越高、活动量越大、摄入的蛋白质和无机盐越多，需水量就越大。3～6岁的儿童每天的需水量为1800～2000ml，其中60%～70%可以通过食物供给，30%～40%（约800～1200ml）需要单纯靠喝水来提供。一般来讲，幼儿在幼儿园的每次饮水量为100～150ml（可根据季节酌情调整），以免造成幼儿的抗拒，甚至影响身体健康。幼儿常常因为专注游戏、活动而忘记饮水，长此以往会影响幼儿身体健康。帮助幼儿养成自觉饮水、自主饮水的习惯非常必要。

（二）幼儿饮水保育工作的基本职责

表 3-23　保教老师在幼儿饮水环节的保育工作内容

序号	教师的工作内容	保育师的工作内容
1	以多种形式介绍饮水与健康的关系，提出饮水的要求，用墙贴呈现饮水规则，引导幼儿喜欢喝白开水	为幼儿自主饮水创设条件，为幼儿提供清洁卫生、温度适宜、充足的饮用水和清洁水杯
2	指导幼儿使用水杯接水和喝水，引导幼儿在起床后、运动后、离园前有序安全地取水和饮水	协助教师指导幼儿有序、安全地取水和饮水
3	组织幼儿有序洗手，帮助幼儿建立有序的饮水常规	督促指导幼儿按规范要求正确洗手
4	关注幼儿饮水量，鼓励幼儿按需饮水，保证幼儿一日饮水量；关注特殊儿的饮水情况，鼓励身体不适、不愿喝水的幼儿增加饮水次数	照顾、提醒身体不适的幼儿，根据需要提醒幼儿增加饮水次数，适时、适量饮水
5	引导幼儿饮水完毕后把水杯放回原位	保持地面干爽，及时清理水渍，防止幼儿摔跤；关注幼儿衣服是否有水渍，必要时为其更换，并将衣物晾晒

从以上的表格中，你能发现教师和保育师在饮水环节工作内容的相同点和不同点吗？

二、认知幼儿饮水保育的工作流程及规范

幼儿饮水保育的基本工作内容及工作标准见表 3-24。

表 3-24 幼儿饮水保育的工作流程及规范

序号	工作流程	工作规范
1	提供饮用水	保证班上随时有温度适宜的饮用水,一般饮水温度为 30℃左右
2	饮水	(1)每天上午、下午组织幼儿集中饮水两次,关注幼儿饮水量,不能暴饮 (2)讲解有关饮水的健康知识 (3)提醒幼儿清洁双手,用水杯接水、喝水,做到随渴随饮 (4)集中饮水时提醒幼儿注意安全,保证饮水秩序
3	清洁工作	(1)及时清理地面水渍,保证地面干燥清洁 (2)清洗饮水器(或保温桶)、分水器、水杯,按照规定做好消毒

三、幼儿良好饮水习惯的培养

刚进入幼儿园的孩子,往往会存在不适应用杯子喝水、不喜欢喝白开水等现象,保教老师要通过多种方式帮助幼儿养成主动喝白开水的健康饮水习惯,保证幼儿每天的饮水量。具体的方法有:

(一)做好饮水准备,创设有趣、富有教育性的饮水环境

可以从物质环境和精神环境两方面着手。一方面准备高度适宜的水杯格、接水龙头和温度适宜、充足的饮用水(如图 3-29 所示),水的温度 25～30℃为最佳,根据季节天气情况提前调控,避免烫伤幼儿;另一方面可以装饰墙面、准备专用喝水用具,使饮水活动充满趣味性,激发幼儿喝水的兴趣(如图 3-30 所示)。

(二)关注饮水过程,培养幼儿良好的饮水习惯

由于幼儿主动喝水的意识较为薄弱,保教老师可以利用集中饮水、个别提醒、特别关注等多种方式帮助幼儿养成主动、适量、安静、有序的饮水习惯,使其懂得饮水的重要性,增强健康意识,培养独立饮水能力。

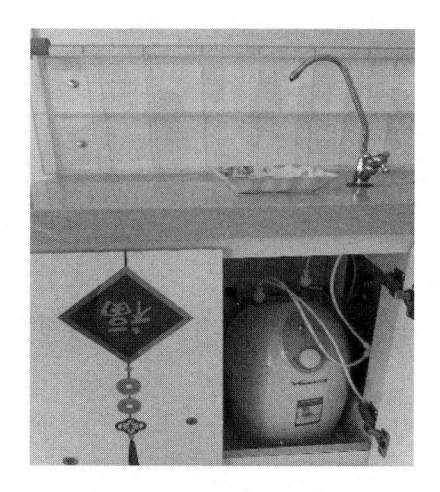

图 3-29　饮水机和水龙头

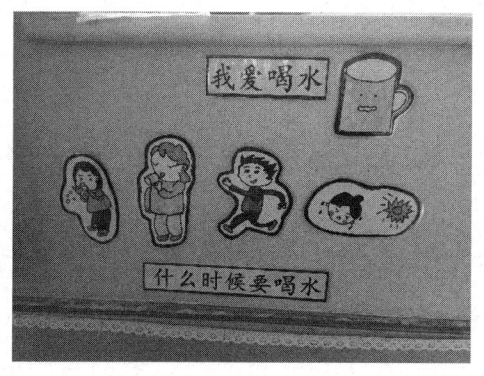

图 3-30　饮水墙贴示意图

1. 用游戏、故事、儿歌、实验等形式让幼儿认识到饮白开水的重要性。

在饮水环节，保教老师可以用游戏的口吻鼓励幼儿多喝水，如"干杯""给小汽车加油""给小鱼缸加水""象妈妈"等。还可以通过讲故事引起幼儿喝水的兴趣。此外，通过与幼儿一起开展种植对比试验，让幼儿看足水植物和缺水植物的生长不同状况，体验水分的重要性，从而激发幼儿主动喝水的兴趣。

《喝水歌》

儿歌 1：小水杯，手中拿，咕咚咕咚喝水啦。每天多喝白开水，不爱生病笑哈哈。

儿歌 2：小水杯，倒点水，我和茶杯亲亲嘴。喝多少，倒多少，咕噜咕噜喝下去。全部喝掉不浪费，宝宝天天爱喝水。

2. 把握喝水时间，定时喝水。

在幼儿户外活动前后、午睡后，及时组织幼儿集中喝水，培养幼儿定时喝水的习惯。同时提醒他们随渴随喝。

3. 用榜样示范法让孩子爱喝白开水。

保教老师要做到经常喝白开水，为孩子树立榜样。也可以利用同伴示范的方式，表扬班内有喝水习惯的幼儿，营造幼儿主动喝水的氛围。对于不习惯喝白开水的幼儿，应让其由少到多地增加饮水量。

4. 指导幼儿接水、喝水的正确方法。

（1）接水前，先提醒幼儿洗手并养成习惯。然后让幼儿从水杯格拿取自己的水杯，放在水龙头下，轻轻打开水龙头，用眼睛看着水杯，等接到半杯至三分之二杯时关闭水龙头。提醒幼儿一只手握好水杯把，端水杯回自己的座位，坐下安静地饮水。饮完后如果再想饮水可续接，避免一次接多造成洒水和浪费。在接水过程中提醒幼儿安静排队、不说笑打闹。若幼儿不小心把水洒到地面上，保教老师要及时擦拭，防止幼儿滑倒、摔伤。

（2）提醒幼儿开始饮水时要小口尝试，避免烫嘴。饮水时双手拿水杯，一手拿杯把，另一只手扶水杯；倾斜水杯，喝一口水完全吞咽后再喝下一口，不说笑，不边喝边玩，防止呛咳。饮完水后按照提示将杯子放回原处，杯口朝上，有序摆放整齐。

5. 用图示、表格记录幼儿饮水次数和饮水量，确保每个幼儿充足的喝水量。

在饮水区域张贴饮水常规示意图、喝水提示图，标出饮水量提示、在墙面设置饮水量记录表，帮助幼儿记录每次的饮水量，发挥幼儿同伴间的相互监督、提醒作用，保证幼儿饮水量。

每次大约饮水 100ml 左右，如果儿童还要喝，可以再增加一些。当幼儿在运动后出汗过多或天气炎热时，适当增加饮水量，指导幼儿剧烈运动后稍做休息，再饮水；生病的幼儿在吃药时应至少喝水 150ml 以上，以免药品送达不到胃，使食道受损。同时提醒幼儿观察自己小便的颜色，若出现量少、颜色发黄的情况要主动饮水。

6. 家园合作，巩固良好饮水习惯。

除了利用离园环节和家长主动反馈、沟通幼儿在园的喝水情况，了解幼儿在家的饮水情况，还要通过家长开放日、家长会、家园互动平台等多种形式对家长开展科学饮水的宣传和教育，提示家长不要给幼儿购买含糖饮料，成年人做好榜样，在家里也鼓励幼儿在口渴的时候及时喝白开水，共同配合改变幼儿的不良饮水习惯。

四、查找与应对幼儿饮水时的安全隐患

幼儿饮水存在许多安全隐患。你能找到哪些？可能导致的不良后果是什么？预防方法是什么？请小组讨论并写下结果，随后向全班展示交流。

幼儿饮水环节的安全隐患及预防措施见表 3-25。

表 3-25　幼儿饮水时的安全隐患及其预防方法

序号	隐患内容	预防措施
1	幼儿集中饮水时，在接水过程中拥挤打闹；饮水过程中将水杯打翻洒在地面上，保教老师没有及时擦干而导致幼儿滑倒摔伤	保教老师做好教育，引导幼儿有序接水，地面有水渍时及时擦净
2	幼儿在饮水时说笑打闹、将鼻子深入水杯内，发生呛咳	引导幼儿安静、正确饮水

组织实施

一、做好饮水准备

1．按照要求清理桌面。

2．设定好饮水机温度，准备好定量水壶（如图 3-31 所示）和消毒水杯。

3．组织幼儿正确洗手、如厕。

小贴士：

让幼儿爱上喝白开水的技巧

① 家园合作，营造定时喝白开水的氛围。

无论是在幼儿园还是在家庭中，在幼儿起床后、运动前后，老师和家长都要以身作则，适量喝白开水，逐步让幼儿在不知不觉中养成定时喝白开水的好习惯。

② 抓住时机满足生理需求。

在孩子进行一定量户外运动消耗了水分感到口渴时，或者非正餐的时间幼儿要零食吃的时候，请他们先喝水，让幼儿体验到喝水是很自然且必要的事。

③ 利用幼儿的好奇心和从众心理。

多鼓励，少责怪。一方面为幼儿准备造型可爱的喝水器皿（如图 3-32 所示），另一方面为幼儿树立爱喝白开水的身边小榜样，让他们喜欢上喝水，把喝水当做乐趣。

图 3-31　定量水壶

图 3-32　动物造型水杯

二、指导幼儿饮水

1．指导幼儿正确认识自己的水杯：在放置水杯的格子上贴上幼儿照片或为每个幼儿的水杯制作不同的标记，方便幼儿识别。

2．指导幼儿按顺序用手拿杯把轻轻取出自己的水杯，不把手伸进水杯里，手不碰杯口，不玩水杯。将水杯放置在水龙头下面，对准后轻轻打开水龙头，眼睛看着水杯，接半杯或多半杯水后及时关闭水龙头。接水过程中不推、不挤、不洒水，保持地面整洁。

3．指导幼儿双手配合，一手拿杯把，另一只手扶住杯身，避免水洒出和水杯滑落，小心走到指定座位上，坐下后再一口一口慢慢喝，既不说笑，也不边走边喝，防止呛咳。（如果用定量水壶则指导幼儿自己在桌上倒水。）

4．引导幼儿不浪费水，喝完后需要可以再接，喝足量水后，轻轻将杯子放回自己的格子里。

三、饮水后清洁与沟通

1．饮水壶在每天幼儿离园后进行清洗，用流动水冲洗，注意壶口一周的清洁，确保无污物留存。清洗完毕后用开水消毒，摆放在通风处，晾干备用。定期对饮水机进行清洗、消毒，夏季每月一次，冬季每两月一次，严格按照清洗、消毒程序操作，并做好清洗消毒记录。

2．在离园时与个别存在问题幼儿的家长进行饮水保育内容沟通，提出有针对性的意见和建议，定期向家长了解幼儿在家中的饮水情况，给予家长肯定与鼓励，促进家园合作的顺利开展。

评价反思

表 3-26 模拟幼儿饮水保育任务评价单

评价项目	评价要求	星级
饮水准备工作	环境	☆☆☆
	物品准备	☆☆☆
	安全	☆☆☆
指导幼儿饮水	语言提示和要求	☆☆☆
	饮水技能辅导和习惯养成	☆☆☆
	关注、关爱幼儿	☆☆☆
饮水后	物品清洁、消毒	☆☆☆
	与个别家长沟通	☆☆☆

备注：优秀涂 3 颗星，良好涂 2 颗星，达标涂 1 颗星，未达标不涂星。

测一测

一、判断题（将答案写在括号内，正确的打"√"，错误的打"×"）

（　　）1. 幼儿接水时要注意安全，有序取水，不拥挤，正确开关饮水桶或饮水机。

（　　）2. 保教老师每天上午、下午组织幼儿集中饮水两次，关注幼儿饮水量，不能暴饮。

（　　）3. 幼儿接水时一定要接满杯后，再关闭水龙头，保证幼儿喝足量的水。

（　　）4. 幼儿在幼儿园口渴时及时喝白开水，回家后家长最好给幼儿购买含糖饮料，补充水分。

（　　）5. 饮水是保证幼儿身体机能健康运转的重要途径。

（　　）6. 幼儿大量出汗、腹泻、呕吐后，应等痊愈再大量补充水。

（　　）7. 慢慢喝水是幼儿的正确喝水习惯。

二、单项选择题（从给出的选项中选出一个正确选项的字母填在括号内）

1. 水的功能主要包括（　　）。
   A．是构成人体组织的重要物质　　B．有利于体内化学反应的进行
   C．调节体温　　　　　　　　　　D．以上都是

2. 幼儿在幼儿园的每次饮水量为（　　）ml。
   A．30～50　　　　　　　　　　　B．50～100
   C．100～150　　　　　　　　　　D．150～200

3. 幼儿喝水时应（　　）。
   A．小口尝试　　　　　　　　　　B．大口喝水
   C．快速喝　　　　　　　　　　　D．用吸管

4. 一般适宜幼儿饮水的温度为（　　）℃左右。
   A．20　　　　　　　　　　　　　B．30
   C．40　　　　　　　　　　　　　D．50

5. 幼儿饮水时，手持水杯的正确姿势是（　　）。
   A．双手拿水杯，一手拿杯把，另一只手扶水杯
   B．双手拿杯把
   C．一手拿杯把
   D．双手捧着水杯底部

6. 对于（　　）的幼儿，要特别提醒他们多喝水。
   A．体质差　　　　　　　　　　　B．患病初愈
   C．感冒　　　　　　　　　　　　D．以上都是

三、拓展题

1. 反思自己在模拟饮水实习中存在的问题及其对幼儿健康成长的不利影响。
2. 幼儿饮水环节蕴藏着许多审美教育元素，你能找到吗？

3.6 幼儿睡眠保育

3.6.1 微课视频：
穿脱衣服的规范操作

学习目标

1. 知识目标：
（1）说出幼儿睡眠保育的任务、职责及其对幼儿健康成长的重要价值。
（2）识记幼儿睡眠的保育任务。
（3）描述幼儿独立睡眠能力和良好睡眠习惯的内涵及一般培养方法。
（4）列举幼儿睡眠时常见的危险因素及采取的预防措施。
2. 能力目标：
（1）能小组合作模拟进行幼儿睡眠前准备和睡眠后整理的规范操作，总结操作小窍门。
（2）能小组合作模拟进行幼儿脱穿衣服的规范操作。
（3）能小组合作进行照顾睡眠特殊儿的模拟表演。
（4）能发现幼儿睡眠时的安全隐患，并说出预防措施。
3. 素质目标：
（1）认同睡眠环节的保教价值，树立逐步培养幼儿良好的睡眠习惯的工作意识。
（2）贯彻"保教结合"原则，树立一切活动为幼儿健康成长负责任的职业服务意识。
（3）耐心、细心指导幼儿穿脱衣服，关注安全和细节，不怕吃苦。
（4）心怀对生活保育工作的敬畏之心和对所教孩子的赤诚之情，深刻体会幼儿睡眠保教价值，积极参加学习活动，善于观察、记录，及时反馈。

学习导语

每个人的健康都离不开充足、高质量的睡眠。幼儿身心易疲劳，午睡既是幼儿健康成长的需要，也是培养幼儿独立生活能力和良好生活习惯的机会，更是培养幼儿合作、互助、体谅、自律等亲社会行为的好时机。为幼儿创设良好的睡眠环境，指导幼儿有序脱衣服后安静入睡，在幼儿睡下后不断巡视，排除各种安全隐患，确保幼儿安全和高质量的睡眠。睡眠结束后，指导幼儿穿好衣服，做好环境和物品的整理（如图 3-33 所示）。午睡环节看似省心轻松，但对于原本缺少自我保护意识和自我保护能力、免疫系统尚未发育完善的幼儿来讲，入睡后更需要保教老师的细心照顾。总之，应该培养幼儿养成良好的午睡习惯和独立午睡能力，保证幼儿充足的睡眠时间，从而促进幼儿身心和谐发展。

图 3-33　整理好睡眠室

引导案例

刚入园的小一班幼儿一到午睡时间就状况百出。有的孩子大哭着找妈妈，有的还要玩玩具，有的需要保教老师抱着、拍着才能入睡，有的拉着老师的手要求讲故事，有的非要抱着布娃娃一起睡，有的小朋友在"吃手"，还有的甚至大声吵着不睡觉……赵老师非常着急，你能帮助她让班里的小朋友养成不哭不闹、自主独立入睡的习惯吗？

学习探究

一、认知幼儿睡眠保育的保教价值

（一）幼儿睡眠保育的保教价值

《3—6 岁儿童学习与发展指南》建议：保证幼儿每天睡 11～12h，其中午睡一般应达到 2h 左右。健康睡眠是现代儿童身心健康的重要标准，高质量的午睡对于幼儿消除疲劳、恢复体力、增强抗病能力及促进生长发育都具有重要的作用。

（二）幼儿睡眠保育工作的基本职责

保教老师在幼儿睡眠环节的保育工作内容见表 3-27。

表 3-27 保教老师在幼儿睡眠环节的保育工作内容

序号	教师	保育师
1	午睡前组织安静活动，组织幼儿睡前如厕，稳定幼儿情绪，营造安静、舒适、安全、卫生、愉快的午睡环境	准备安全、整洁卫生、舒适的睡眠环境，每天定时对睡眠室进行清洁、消毒工作
2	提醒幼儿做好睡前准备，进行安全检查，发现携带异物代为保管	做好午睡前后的准备、整理工作，检查床铺，确保无异物，排除安全隐患，提醒幼儿做好睡前准备
3	了解并尊重幼儿的睡眠特点，根据幼儿的年龄特点，培养幼儿独立睡眠的能力和良好的睡眠习惯，安抚入睡困难的幼儿	根据幼儿的年龄特点，培养幼儿独立睡眠的能力和良好的睡眠习惯
4	巡视、细心观察幼儿的身心状况，发现异常及时处理和记录，不做与午睡管理无关的事	巡视、细心观察幼儿的身心状况，发现异常及时处理和记录，不做与午睡管理无关的事
5	根据幼儿的年龄特点，组织并指导幼儿做好起床整理	根据幼儿的年龄特点，组织并指导幼儿起床后穿衣、整理
6	起床后组织幼儿如厕、盥洗、饮水	做好睡眠室的清洁整理工作

从以上的表格中，你能发现教师和保育师在睡眠环节工作内容的相同点和不同点吗？

二、认知幼儿睡眠保育的工作流程及规范

幼儿睡眠保育的基本工作内容及工作标准见表 3-28。

表 3-28 幼儿睡眠保育的工作流程及规范

序号	工作流程	工作规范
1	睡眠环境准备	（1）开窗通风、拉窗帘，整理床铺 （2）幼儿一人一床 （3）播放轻音乐或睡前故事
2	睡前准备	（1）协助教师组织幼儿有序如厕 （2）指导幼儿有序脱衣，并摆放整齐 （3）检查幼儿手中是否有物品，嘴里有无饭菜 （4）指导幼儿调整情绪，保持安静 （5）介绍与睡眠相关的健康知识

续表

序号	工作流程	工作规范
3	睡眠巡查	（1）不得离开睡眠室，保持警惕，每15min巡查一次 （2）检查幼儿有无踢被子、蒙头睡的情况，尽快帮助其调整，使幼儿保持正确睡姿 （3）冬季为幼儿盖好被子，夏季注意调节室内温度，空调温度设置不能低于26℃ （4）特别关注特殊体质幼儿
4	起床前准备	用舒缓音乐唤醒幼儿、用光线调整室内氛围
5	起床	（1）观察幼儿体温、面色、情绪等，关注特殊体质幼儿的护理 （2）指导幼儿正确穿衣、整理床铺，提醒其如厕、洗漱、饮水 （3）检查幼儿有无尿床情况，若有，及时帮助其更换衣物 （4）测量体温，记录幼儿健康状况
6	起床后整理	（1）开窗通风，保证睡眠室空气清新 （2）整理床铺，打扫床铺、地面、家具卫生 （3）做好被褥、设备和室内空气的消毒

三、幼儿良好睡眠习惯和能力的培养

幼儿年龄越小，所需要的睡眠时间越长，却越难以自主入睡，就越需要保教老师仔细观察，准确把握幼儿在睡眠中的身体、行为状况，采用综合措施，循序渐进地帮助幼儿养成自主入睡、按时入睡等习惯。具体的方法有：

（一）创设良好的午睡环境，做好睡眠的准备

可以从物质环境和精神环境两方面着手。一方面，根据天气情况提前1小时开窗通风或开空调，保持室内空气清新、温度适宜。室温一般冬季以18～20℃、夏季26～28℃为佳，相对湿度以50%～60%为宜（如图3-34所示）。放下睡眠室窗帘，保证室内光线柔和。为幼儿准备好和季节相匹配的床上用品。将体弱儿的床安排在背风处。易尿床、活泼好动、爱说话的幼儿安排在便于保教老师照顾和管理的地方。全体幼儿头脚交叉睡，不能头对头或并排睡，以减少交叉感染。另一方面，午睡前组织幼儿进行自由散步、观察自然等安静活动，调整幼儿情绪，使幼儿保持安静、愉悦、平稳。播放轻音乐，组织幼儿按照睡眠室墙上的示意图（如图3-35所示）分组有序如厕，按照午检工作程序对幼儿进行午检，提醒幼儿不携带小玩具、小物件（如发夹、皮筋等危险物）上床，较硬的卡子、眼镜、玩具等物品应单独存放。

在睡眠室门口换上拖鞋，摆好鞋子，指导幼儿按顺序脱衣服：裤子→袜子→上衣（也可不脱袜子），叠好放到指定位置。在引导幼儿脱衣服时，要符合孩子们的天性，可以让幼儿边念儿歌边学做。

图 3-34　睡眠室冬季温度和湿度　　　　　　图 3-35　睡眠四部曲

《脱衣歌》

儿歌 1：小朋友，来帮忙，抓住小袖口，拽下小袖子，领口向上提，衣服脱下来。

儿歌 2：缩缩头，拉出你的乌龟壳；缩缩手，拉出你的小袖口。

《叠衣歌》

儿歌 1：大门关关好（把衣身铺平），见面抱一抱（两个袖子折叠好），点头（把帽子叠好）又哈腰（衣身叠一下），衣服就叠好。

儿歌 2：关关门，关关门，抱抱臂，抱抱臂，弯弯腰，弯弯腰，我的衣服叠好了。

儿歌 3：小衣服，躺平了，两扇门，要关好。左袖弯，右袖弯；鞠个躬，摆放好。

也可以在睡眠室门口张贴叠衣服的指示图（如图 3-36 所示），让幼儿边念儿歌，边参照图示折叠衣服（如图 3-37 所示）。

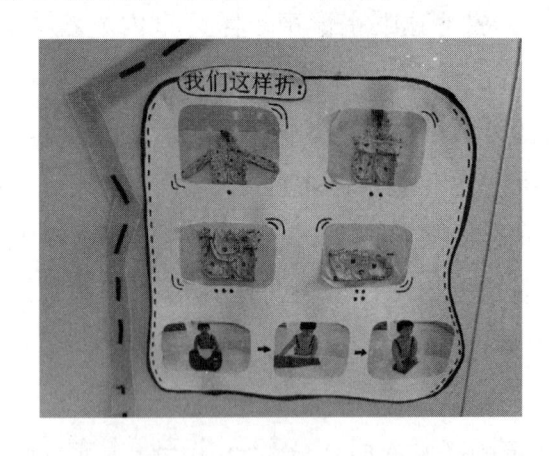

图 3-36　叠衣服指示图　　　　　　图 3-37　指导幼儿叠衣服

带领幼儿安静进入睡眠室。引导幼儿放平枕头，整理好被子，钻进被子，把手放在被子里面，可以让幼儿念《午睡歌》，提示幼儿右侧卧或仰卧，安静独立入睡。

《午睡歌》

儿歌1：小宝宝，睡午觉。小花被，要盖好。不趴睡，不踢被。睡眠足了精神好，一觉醒来乐开怀。

儿歌2：小手拍拍放枕边，身体转向右侧卧。风不吹，树不摇，幼儿园里静悄悄。我是一个乖宝宝，规规矩矩睡午觉。

（二）保证睡眠时间，定时巡查，耐心做好睡眠护理

幼儿的午睡时间要充足，冬季不少于2h，夏季可适当延长0.5h。不能任意减少或增加睡眠时间。保教人员在睡眠室要保持安静，全程关注幼儿的午睡情况，将每个孩子都纳入自己的视线之中。一般每隔15min巡视一次，观察幼儿是否睡着，睡姿是否正确，温度是否适宜，幼儿有无异常行为等。发现问题，及时处理，让幼儿养成良好的睡眠习惯。

1. 对不能独立入睡幼儿的照护。

如果是因环境变化导致幼儿过于兴奋、难以入睡，保教老师可先扮演家长，与幼儿轻声交流，也可轻拍幼儿进行安抚，使幼儿情绪放松，对新环境产生安全感；如果是有分离焦虑的幼儿，可以允许幼儿携带一张家长的照片让他获得心里安慰；对确实因精力旺盛不能入睡的幼儿，可要求他们安静地躺在床上闭眼休息，避免影响其他幼儿入眠，或安排他们在专门老师的照顾下进行安静的活动。提醒早醒的幼儿不影响同伴，让他安静躺一会儿或者轻声起床做些安静的活动。

2. 对午睡"尿床焦虑"症幼儿的照护。

除了在上床前提醒幼儿小便，并告诉他老师会关注他，让他安心入睡，还可以在午睡巡查过程中柔声唤醒，提醒幼儿去小便，以消除幼儿对尿床的恐惧心理，增强他们的安全感。

3. 对有"安慰物"症幼儿的照护。

在入园初期，对午睡时要抱着布娃娃和毛巾之类的安慰物才能入睡的幼儿，可以暂时允许幼儿继续抱睡，逐步采用转移注意力和表扬鼓励法帮幼儿戒掉对这些物品的依赖，并与家长沟通共同巩固好习惯。

4. 对睡姿不正确的幼儿要及时纠正。

幼儿睡觉的姿势各式各样，幼儿睡眠姿势正确与否直接关系到幼儿睡眠质量的好坏和身体健康与否。目前最有利于幼儿健康的睡姿是右侧睡，因为侧身睡可以使脊柱自然略向前弯，肩膀向前倾，腿和手臂都可以自由弯曲。右侧睡既不会压迫心脏，也不会使胃部受到压迫，还便于胃中的食物向十二指肠移送，有利于食物的消化。这样，全身肌肉都能得到最大限度的松弛，容易消除疲劳。幼儿不正确的睡姿类型及危害见表3-29。

对于趴着睡和蒙头睡的幼儿，要及时将他们的被子掀开，用轻柔的动作把他们的身体翻正，保证呼吸顺畅，以免发生窒息等安全事故。

表 3-29　幼儿不正确的睡姿类型及危害

序号	不正确的睡姿类型	危害
1	左侧睡	心脏、胃会受到压迫，睡眠不踏实
2	仰睡	肌肉得不到完全放松，容易导致舌根下坠，阻塞呼吸
3	俯（趴）睡	压迫呼吸道，导致呼吸不顺畅，影响心脏和肺的发育
4	跪睡	压迫到心肺影响呼吸，脊柱得不到伸展，不利于骨骼的发育
5	蒙头睡	缺氧引发窒息
6	头枕手臂睡	影响手臂部位的血液循环，造成胳膊酸胀麻木，不利于身体机能的恢复
7	手放胸部	心脏和肺部受到压力，引起呼吸不畅，易做梦

5．帮助幼儿及时盖好被子，以免着凉。

对于体弱的幼儿，保教老师要给予特别的关注，发现幼儿出汗时，要及时为其擦汗。巡视时要第一时间为那些爱蹬被子、露出脚丫的幼儿盖好被子。

6．做好记录，将幼儿的异常情况在离园时及时反馈给幼儿家长，提醒家长注意。有针对性地采取一些措施，共同提高幼儿的睡眠质量。

（三）睡眠后的指导照护，促进良好睡眠习惯的养成

保教老师在幼儿起床前 5～10min 播放优美的乐曲或歌曲，既可让已经睡醒的幼儿欣赏音乐，还能唤醒还在睡梦中的幼儿，给他们有起床的心理准备，防止幼儿产生因突然被叫醒产生不适感。在小班幼儿起床后，保教老师第一时间指导幼儿按顺序自己穿衣服：上衣→裤子→袜子→鞋（也可不脱袜子），把穿衣步骤创编出生动有趣的儿歌，让小班幼儿在轻松愉悦的氛围中，熟记穿衣步骤。在幼儿掌握穿衣方法后，还可以用游戏进行师生之间的互动，进一步巩固幼儿穿衣服的技巧。

《穿衣歌》

儿歌 1：小手小手伸开，袖子袖子套进来；小腿小腿伸开，裤子裤子套进来；鞋子左右要分好，一只左来一只右。

儿歌 2：一件衣服三个洞，先把脑袋伸进洞，再把手臂伸进洞，拉直衣服就完工。

引导幼儿相互检查着装情况，做到衣着整齐，及时为长头发的女孩梳头。指导中、大班幼儿将被子翻过来放平，整理好自己的枕头，然后穿好鞋离开睡眠室。所有幼儿在保教老师的组织下如厕、喝水，准备参加下一环节活动。

四、查找与应对幼儿睡眠时的安全隐患

幼儿睡眠往往存在许多安全隐患。你能找到哪些？可能导致的不良后果是什么？预防方法是什么？请小组讨论并写下结果，随后向全班展示交流。

幼儿睡眠环节的安全隐患及预防措施见表 3-30。

表 3-30　幼儿睡眠时的安全隐患及其预防方法

序号	隐患内容	预防措施
1	窗台上有物的掉落砸伤幼儿	排查好睡前环境，窗台上不放杂物
2	幼儿将自己喜欢的小玩具带上床铺，在睡眠时被扎伤	保教老师做到教育、提醒幼儿，睡前检查要细致、周到，避免出现幼儿将发卡、小玩具等不安全的物品带上床铺的情况
3	幼儿因不正确的睡姿没有得到及时纠正而出现着凉、窒息等	保教老师每 15min 巡视一次时，仔细观察幼儿的睡姿、呼吸情况，及时纠正不良睡姿，为蹬被子的幼儿盖好被子，发现幼儿脸色、体温等出现异常时及时通知保健老师，避免出现幼儿突发疾病而没有及时发现造成抢救、治疗不及时的情况

组织实施

一、做好睡眠准备

1．在幼儿进入前按照要求调节好睡眠室环境。

要根据季节做好通风，并保持温度（可以用空调进行调节）和湿度（可以用加湿器调节）适宜。调节窗帘使光线柔和。保证幼儿一人一床一被。铺好被褥，合理安排床位。

2．组织睡前活动，营造良好的睡眠氛围。

组织幼儿有序如厕，指导或帮助幼儿脱掉鞋、袜、外衣裤，叠好放在指定的位置，不能放在枕头下。天冷时先脱鞋袜、再脱外裤；叠放好后再脱上衣，以免着凉。保教老师检查完幼儿口中有无含留食物、是否带玩具或其他物品上床，让幼儿安静进入睡眠室。幼儿上床后盖好被子，保持安静和右侧卧睡眠姿势。保教老师播放轻柔、舒缓的轻音乐，用轻柔的声音讲一些安静、优美的童话故事，营造安静、舒适、宽松的睡眠环境，让幼儿愉快、安静地入眠。

二、指导幼儿睡眠

1．引导幼儿遵守午休规则，不影响同伴休息。

2. 耐心帮助入睡困难的幼儿尽快入睡，可用面部表情和手势提示、轻声交流劝慰、哄睡安抚、表扬鼓励等方法，让幼儿体会教师的爱和要求，逐步形成良好的入睡习惯。

3. 定时巡回检查，保证睡眠安全。

（1）关注幼儿睡眠不好的情况。

① 入睡后来回翻滚的幼儿。

说明幼儿睡眠不深，但不一定是疾病的表现。造成该情况的原因可能是睡床有不舒服的地方；上午或睡前过度兴奋，睡觉后大脑没有完全平静；临睡前吃得过饱，睡后肚子胀胀、难受；因喝水较多憋尿等造成睡眠不安稳。保教老师可以根据以上几种可能出现的原因，有针对性地处理。

② 睡着后多汗的幼儿。

幼儿神经系统、皮肤保护机能尚未发育完善，新陈代谢旺盛，因此容易出汗。如果幼儿仅仅是出汗较多，没有其他异常，就不必担心；如果还伴有睡眠不安、惊跳等症状，就应及时就医。

③ 打鼾的幼儿。

对偶尔打鼾的幼儿要观察其睡眠姿势是否正确，及时调整他的睡姿。如果幼儿经常打鼾，就要及时通知家长，带其到医院进行诊治。

（2）及时纠正幼儿的不良睡眠习惯。

巡视观察幼儿的午睡状况，关注其体温、呼吸等体征变化，对吮手、咬被角、蒙头、趴睡、蹬被子等情况及时并温柔地矫正，保证幼儿呼吸顺畅；帮助幼儿盖好被子，以免着凉；及时提醒易遗尿的幼儿排尿以免尿床，天凉去小便时要披好外衣；关注身体不适的幼儿，发现异常及时报告、妥善处理。

（3）对个别睡眠时间短的幼儿，可安排其提早起床进行安静的室内活动。

小贴士：

幼儿遗尿的指导：幼儿在 5 岁后仍不能控制排尿，经常在白天和夜间反复不自主排尿，称为遗尿症。

① 与家长进行沟通，了解幼儿遗尿的原因，区分是原发性还是继发性遗尿。及时反馈幼儿在园午睡的情况。

② 为幼儿更换尿湿的衣服、被褥，并对其进行及时清洗和晾晒。

③ 言语安抚幼儿情绪，保护幼儿的自尊心，消除幼儿心理障碍。

④ 在进餐环节适量少盛一些汤，午睡前提醒孩子去小便。

⑤ 午睡中观察幼儿，发现幼儿有翻来覆去、睡眠不实等憋尿现象，柔声呼唤叫醒，带孩子去小便。

三、睡眠后整理与沟通

1. 起床前准备：拉开窗帘调整室内光线，播放舒缓音乐，轻声唤醒赖床的幼儿。
2. 指导幼儿正确穿衣、整理床铺。

指导小班幼儿按顺序穿衣服（穿上衣→穿裤子→穿鞋袜），整理仪表。穿衣裤时分清衣裤前后；穿鞋时分清左右脚，拉好鞋舌、脚伸进鞋、拨起后跟、粘好鞋扣。检查幼儿有无尿床情况，若有，及时帮助其更换衣物。指导中、大班幼儿将被子翻过来放在床上晾 10min，枕头摆放整齐。保教老师要及时为幼儿梳头（如图 3-38 所示），检查整理幼儿穿好的衣服和鞋袜，防止穿错和漏穿。

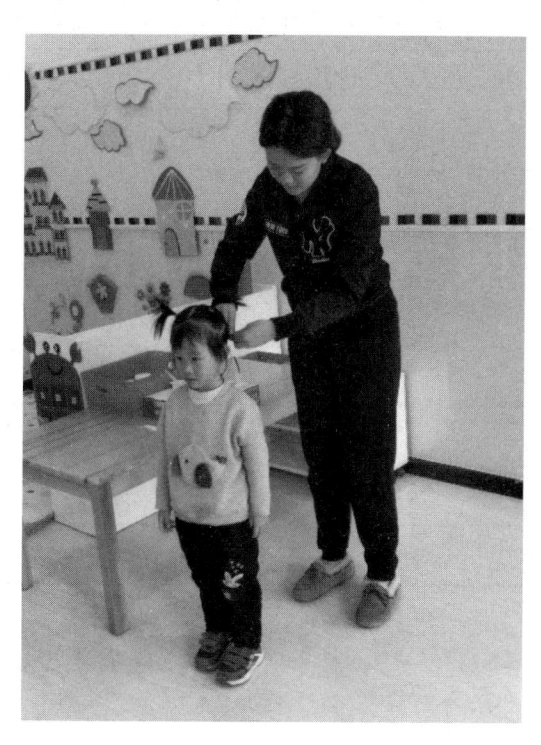

图 3-38　为幼儿梳头

3. 观察幼儿情绪、精神状态有无异常，测量体温，记录幼儿健康状况，如发现异常要及时通知保健老师；做好交接班。
4. 提醒幼儿安静走出睡眠室，进行如厕、洗漱。
5. 开窗通风，整理床铺并做好睡眠室的清洁、消毒工作。

保教老师在整理卧具同时要检查床上、褥子下面是否有异物。检查被褥、枕巾、枕头是否有开线或被咬破的痕迹，以便及时更换。用潮湿、干净的抹布擦拭窗台、窗体，每天对地面进行湿性清扫，每周用消毒液擦拭幼儿床一次。定期晾晒被褥或用紫外线灯照射消毒，随时保持被褥清洁、干燥，睡眠室整洁。

6. 家园合作，巩固良好睡眠习惯。

在离园环节主动反馈、沟通幼儿在园午睡情况，了解幼儿在家的睡眠情况和习惯，通过家长开放日、家长会、家园互动平台等多种形式对家长开展科学睡眠的宣传和教育,让家长认识到不良睡眠习惯可能会造成的严重后果,对幼儿存在的睡眠问题提供有针对性的建议,定期进行交流反馈,了解幼儿睡眠状况有无改进,共同配合,帮助幼儿养成良好的睡眠习惯。

评价反思

表 3-31 模拟幼儿睡眠保育任务评价单

评价项目	评价要求	星级
睡眠准备工作	环境	☆☆☆
	物品准备	☆☆☆
	安全	☆☆☆
	脱衣指导	☆☆☆
指导幼儿睡眠	语言提示和要求	☆☆☆
	独立睡眠和习惯养成	☆☆☆
	关注、关爱幼儿	☆☆☆
睡眠后	穿衣指导	☆☆☆
	环境物品清洁、消毒	☆☆☆
	与个别家长沟通	☆☆☆

备注:优秀涂 3 颗星,良好涂 2 颗星,达标涂 1 颗星,未达标不涂星。

测一测

一、判断题(将答案写在括号内,正确的打"√",错误的打"×")

(   )1. 为了方便消毒,紫外线灯应该装在卧室内。

(   )2. 幼儿午睡脱衣服时要先脱上衣,再脱裤子。

(   )3. 幼儿起床后,保教老师应关门开窗,随后整理床铺、叠被,擦拭卧室地面。

(   )4. 高质量的午睡对于幼儿消除疲劳、恢复体力精力、增强抗病能力及促进生长发育都具有重要的作用。

(   )5. 幼儿午睡一般应达到 2h 左右。

(   )6. 对午睡"尿床焦虑"症幼儿在午睡中间时段巡查过程中柔声唤醒,提醒幼儿小便,消除幼儿对尿床的恐惧心理,增强他们的安全感。

(   )7. 对有"安慰物"症幼儿,保教老师可以允许幼儿将自己喜欢的小玩具带上床铺。

(   )8. 睡眠室应经常开窗通风,进行湿性扫除,以保持空气新鲜。

(　　) 9. 保教老师要详细记录幼儿在园的午睡情况，了解幼儿午睡状况有无改进，与家长及时沟通。

(　　) 10. 对患有"安慰物"症的幼儿，进入幼儿园后不允许幼儿继续抱睡，以培养其良好的睡眠习惯。

二、单项选择题（从给出的选项中选出一个正确选项的字母填在括号内）

1. 幼儿睡眠时要（　　）睡。
   A．头对头　　　　　　　　B．头脚交叉
   C．并排睡　　　　　　　　D．脚对脚

2. 幼儿理想的卧室湿度为（　　）。
   A．20%～30%　　　　　　B．30%～40%
   C．40%～50%　　　　　　D．50%～60%

3. 在幼儿午睡时，保教老师要坚持每（　　）min 巡查一次，细心观察幼儿的情况。
   A．10　　　　　　　　　　B．15
   C．30　　　　　　　　　　D．60

4. 保教老师应该安排生病和体质弱的幼儿睡在（　　）。
   A．窗口　　　　　　　　　B．通风处
   C．避风处　　　　　　　　D．卧室门边

5. 下列不适宜进行的睡前活动是（　　）。
   A．带幼儿出去散步　　　　B．带领幼儿听轻柔的音乐
   C．请幼儿听情节舒缓的故事　D．带幼儿去玩老鹰捉小鸡的游戏

6. 幼儿正确的睡姿为（　　）。
   A．仰睡　　　　　　　　　B．左侧睡
   C．右侧睡　　　　　　　　D．俯睡

三、拓展题

（1）反思自己在模拟睡眠实习中存在的问题及其对幼儿健康成长的不利影响。

（2）幼儿睡眠环节蕴藏着许多审美教育元素，你能找到并做到吗？

3.7 幼儿离园保育

3.5.1 微课视频：
离园保育基本工作
的规范操作

学习目标

1．知识目标：
（1）说出幼儿离园保育的保教价值。
（2）识记幼儿离园保育工作的基本职责。
（3）识记幼儿离园保育的基本工作内容及工作标准。
2．能力目标：
（1）能够发现幼儿离园时的安全隐患，说出预防措施。
（2）能够根据幼儿年龄及预设情况，小组合作模拟与个别幼儿家长进行沟通。
3．素质目标：
（1）心怀对生活保育工作的敬畏之心和对所教孩子的赤诚之情，善于观察、记录，及时进行反馈。
（2）树立一切活动为幼儿健康成长负责任的职业服务意识。

学习导语

幼儿园离园活动是一天中的最后一个环节，是幼儿在园一日生活的结束，幼儿身心处于兴奋状态，而保育老师也往往处于放松状态。这一阶段既有许多教育契机，也存在着许多安全隐患。因此，作为未来的保教老师，一定要明确离园保育工作的任务，懂得离园保育工作的价值，切实履行好保育师的职责。

引导案例

中班的保育师王老师在幼儿离园前，提醒幼儿小便、整理个人物品；离园时与家长沟通幼儿在园一日生活的情况，耐心解答家长问题；幼儿离园后及时进行活动室、盥洗室的环境整理与安全排查，最后关好门窗离园。

你觉得王老师是一个称职的保教老师吗？为什么？

学习探究

一、认知幼儿离园保育的保教价值

（一）幼儿离园保育的保教价值

离园时要提醒幼儿带好个人物品，培养幼儿良好的行为习惯，做好晚接幼儿的交接班工作，完成清洁消毒、安全检查、整理工作，同时要热情接待家长，与幼儿及其家长进行个别交流等。保教老师为什么要做这么多的离园保育工作呢？如果保教老师疏忽其中的某项工作会导致什么后果？请小组讨论并将结果填写在表 3-32 中。

表 3-32 疏忽幼儿离园保育工作的后果

序号	保育项目	疏忽保育工作的后果
1	提醒幼儿做好相关生活准备	
2	热情接待家长，培养幼儿的礼貌行为及其良好的行为习惯	
3	安抚晚接的幼儿和交接班工作	
4	清洁消毒、安全检查和整理工作	
5	与幼儿和家长进行个别交流	

离园是幼儿园生活转向家庭生活的过渡阶段，是调整幼儿情绪、提升服务技能和生活能力、开展安全教育、和家长进行有针对性沟通的有利时机。

（二）幼儿离园保育工作的基本职责

表 3-33 保教老师在幼儿离园时的保育工作内容

序号	教师的工作内容	保育师的工作内容
1	根据幼儿年龄特点，检查幼儿仪容仪表，提醒幼儿携带好自己的物品，进行安全教育	根据幼儿的年龄特点，采用合适的方法提醒幼儿喝水、排便、整理衣物和个人物品等，做好幼儿离园前的准备工作
2	与幼儿进行简短的谈话交流，稳定幼儿的情绪，总结、分享当天活动中的快乐时光并预告第二天的活动；引导幼儿离园前进行自主游戏，避免长时间消极等待；鼓励幼儿离园前参与整理班级环境，形成集体服务的意识	协助教师对幼儿进行总结性谈话和自主游戏活动管理
3	主动招呼家长，引导幼儿主动和教师、小朋友道别	配合教师组织幼儿安全离园，必要时与家长交流幼儿在园生活情况
4	确认身份后方可允许家长接走幼儿，与个别需要沟通的家长进行简短有效的交流，给予体弱儿、特殊儿等家长科学合理的指导	整理班级环境，全面做好班级清洁、消毒工作
5	幼儿全部离园后，准备好第二天要用的材料	做好水、电及门窗的安全检查

从以上的表格中，你能发现教师和保育师老师在离园环节工作内容的相同点和不同点吗？

（三）幼儿离园保育的基本工作内容及工作标准

具体的工作内容和工作标准见表 3-34。

表 3-34　幼儿离园保育的基本工作内容及工作标准

序号	工作流程	工作内容	工作标准
1	接待家长	（1）关注安全	核实接送卡，由家长接回；防止幼儿擅自离园
		（2）与家长沟通	与部分家长沟通幼儿在园表现，给予体弱儿、特殊儿等家长科学、合理的指导
2	整理和摆放好物品	（1）整理和摆放好桌椅	将桌椅等归位，摆放整齐
		（2）整理和摆放好玩具、用具	① 将玩具、图书、各种区域材料分类放置 ② 检查玩具、图书、各种区域材料是否有损坏，及时修补损坏的玩具、图书等，以备第二天幼儿取用 ③ 将所有班级人员的用品归位，摆放整齐
3	做好卫生、消毒工作	（1）活动室的清洁和消毒工作	① 清洁地面：先用扫帚清扫垃圾，并及时将垃圾收起，再用浸泡好消毒液的拖把拖，最后用清水拖把拖两遍 ② 台面消毒：将专用抹布打湿后蘸取配比好的消毒液擦拭窗台、门面、门把手等幼儿会触及的地方，再用清水擦拭两遍。擦拭顺序：由上而下，由左至右
		（2）盥洗室和厕所的清洁和消毒工作	① 在专用水池清洁水杯和毛巾，以备第二天早上消毒 ② 清洁水杯架和毛巾架 ③ 清洁水池，冲洗便池 ④ 清洁消毒便池、地面，再用清水拖干净 ⑤ 处理垃圾（下班前倾倒，杜绝在室内过夜） ⑥ 打开紫外线消毒灯，1h 后关闭
		（3）抹布、拖把等卫生洁具的清洁消毒工作	① 抹布使用完毕后，用剩余的配比好的消毒液浸泡 15min，然后用清水漂洗干净 ② 拖把（室内外用）使用完毕后，用剩余的配比好的消毒液浸泡 15 min，然后用清水刷洗干净（厕所用拖把的消毒液配比要比擦拭台面、桌面等消毒液的浓度高 1 倍）

续表

序号	工作流程	工作内容	工作标准
3	做好卫生、消毒工作	（4）整理摆放好卫生洁具	① 将各种抹布按照卫生工具标志分类悬挂风干，以备第二天使用 ② 将各类拖把按照卫生工具标志分类悬挂，以备第二天使用
4	检查安全隐患	（1）检查水电等安全隐患	检查水龙头、电源、电灯是否关闭，做到人走电断，无常流水
		（2）关好门窗，确保离园后的安全	检查门窗是否关闭，做好一天中的相关记录

二、查找幼儿离园活动中的安全隐患

幼儿离园环节往往蕴藏着一些安全隐患。你能找到哪些？可能导致的不良后果是什么？预防方法是什么？请小组讨论并写下结果，随后向全班展示交流。

_____
_____
_____
_____

幼儿离园环节的安全隐患及其预防措施见表 3-35。

表 3-35　幼儿离园时的安全隐患及其预防方法

序号	隐患内容	预防措施
1	幼儿见家长心切，下楼梯发生推搡导致磕伤、摔伤、扭伤等意外伤害	保教老师组织引导幼儿有序排队，慢慢地走出来，避免拥挤
2	幼儿离开保教人员的视线范围（如图 3-39 所示）	随时清点人数，将所有幼儿安排在保教老师的视线范围内，对晚接的幼儿做好安抚和陪伴
3	对于接幼儿的陌生家长，没有核实就让其把幼儿接走	仔细核验接送卡，与幼儿的监护人打电话确认无误后再让孩子离开
4	特殊孩子的交接不到位，如生病的孩子、当天表现异样的孩子没有和家长重点沟通、提示	保教老师要向特殊幼儿的家长详述孩子的情况，并提出希望家长配合的要求和具体方法

三、模拟表演离园时与个别家长的有效沟通

保教老师需要与哪些幼儿家长进行沟通？请小组讨论并列举这些幼儿的情况，选取其中一例，模拟表演与家长进行有效沟通的过程。请列举需要与家长个别沟通的幼儿情况：

图 3-39　幼儿不在视线范围内

家园共育是幼儿健康成长的基础，是幼儿园工作的重要环节。和家长沟通要讲究谈话的策略性和艺术性，把谈话内容建立在客观、全面的基础上。要让家长相信、尊重并听取老师的意见，要让家长感到教师在关注自己孩子的成长和进步。

（一）与家长的有效沟通的原则

1．以尊重、真诚、平等的态度，充分了解幼儿和家长情况。

2．多征求家长的愿望、需求、意见，学会倾听。

3．与家长意见有分歧时控制好个人情绪。

（二）与家长有效沟通的技巧

1．使用礼貌用语，语言简洁、通俗易懂。

2．切忌"告状"式的谈话方法，"多报喜，巧报忧"。

3．特殊事件主动坦诚与家长沟通。

4．利用多种形式及时与家长沟通。

（三）与家长有效沟通的具体步骤

1．先简单描述孩子近来的发展情况、表扬肯定幼儿；

2．再如实说明、指出幼儿的不足；

3．最后相互沟通，提出策略及家长需要配合做的事。

（四）常见家长类型及沟通形式（见表3-36）

表3-36　常见家长类型及沟通形式

序号	家长类型	沟通形式	具体做法
1	幼儿本身在各个领域的各项目标发展中不存在明显的问题，而家长也很少过问	"一句话沟通"法	利用接送环节用一、两句话向家长反映情况
2	幼儿本身在某一领域的某一方面或多个领域的多个方面存在问题，但是没有引起家长的重视	"引起注意"法	利用半日开放、作品展示等让家长发现自己孩子和别人孩子的差距，从而引起家长的关注，再根据不同的情况和家长沟通
3	幼儿本身在各领域的发展中不存在问题，但家长过度担心	"真情感动"法	将孩子在各领域发展中的点点滴滴及时向家长汇报，对家长特别关注的问题，要在日常工作中认真观察，细致指导，耐心细致地向家长反映情况，让家长感到老师了解孩子，关注孩子。他的孩子在老师心中占有很重要的位置，老师会为孩子的进步而高兴，为孩子的失败而难过，用我们细致的工作感动家长

组织实施

小班的涵涵今天在幼儿园表现得非常好，中午认真吃饭，下午积极参加老师组织的游戏，和其他小朋友一起玩得非常开心。可是在离园时一见到来接她的妈妈，就哭着扑到妈妈怀里不下来，非让妈妈抱着回家。请你根据涵涵的表现，小组合作模拟在离园时与涵涵妈妈进行沟通。

一、做好离园准备

1. 引导、帮助幼儿做好个人清洁、整理工作。

指导幼儿洗手、喝水、小便，整理仪容仪表，检查幼儿衣服有没有穿好。提醒幼儿整理好自己的物品。

2. 稳定幼儿情绪，组织开展安静的自选活动。

可以安排形式多样的自选活动，幼儿可以看图书、讲故事、朗诵儿歌、玩玩具、展示才艺等，体现自主性原则，激发幼儿的参与兴趣。

《离园歌》

儿歌1：放学了，放学了，小朋友坐坐好，教室里不走动。自己的物品拿拿好，叫到名字走出门，有顺有序不忙乱。老师同伴互道别，离开教室早回家，幼儿园里少玩闹。

儿歌 2：离园时，收书本。书本用具别漏掉，捡捡纸来摆桌椅，室外站队快静齐，平平安安回家去。

3．做好晚检工作。离园前的晚检可概括为一看、二摸、三检查。

一看：看幼儿的个人卫生是否良好，是否有精神不振的幼儿。

二摸：摸一摸幼儿的额头是否有发热症状，如果有，要及时告知家长。

三检查：检查幼儿是否有擦伤、碰伤的情况，如果有，应当在离园时主动与家长解释，以免引起不必要的误会；检查幼儿是否携带幼儿园的玩具回家，如果有，及时制止，引导幼儿养成良好的行为习惯；检查幼儿穿衣戴帽是否整齐，个人物品是否带齐等。对于小班幼儿要检查是否有弄湿衣袖、尿裤子等状况，如有需要及时帮助幼儿换衣服。

4．在家长来之前，与幼儿进行亲切互动，帮助他们回想今天快乐的事情，表扬幼儿生活自理方面的点滴进步，使幼儿感受到成长的自豪感。提出回家的要求，保证幼儿安全、整洁、愉快地离开幼儿园，并为幼儿第二天的入园做好积极动员准备。

二、做好离园接待

1．组织幼儿有序排队，送到指定地点（如图 3-40 所示）。

图 3-40　排队带到指定地点

2．微笑、热情接待家长，与家长进行简短沟通，如实向家长介绍幼儿在园的一日活动情况，针对幼儿的具体情况提出有针对性和指导性的建议，获得家长的配合。同时引导幼儿有礼貌地向教师和小朋友告别。

3．严格确认接幼儿的家长，遇到非委托人接幼儿，及时与家长取得联系进行确认；有重点地与个别家长沟通，并提出希望配合的要求和具体方法。做好生病、情绪异常等特殊幼儿的交接工作，防止幼儿走失或被陌生人带走。

4．做好晚接幼儿的情绪安抚工作，与家长确认后将个别留园幼儿送交值班人员，做好交接班记录。

可以与幼儿聊聊天，抱一抱幼儿以缓解他们的焦虑情绪，还可以通过让他们任意选择自己喜欢玩的玩具，表扬和鼓励幼儿今天的突出表现等方式，让孩子感受到保教老师对他们的关爱。

三、离园活动结束时

1．做好物品整理，各类物品摆放到位，进行第二天各项活动的物品准备。

等幼儿全部离园后，保教人员要收拾、整理当天的玩教具并放到指定位置，同时将明天要用的材料准备好。

2．按照要求做好环境清洁、消毒等工作。

3．进行安全检查，做好门窗、水电的检查，做到人走电断。

小贴士：

① 清洗水杯的方法

先用洗涤灵、百洁布清洁水池，然后将水池盛满温水，加入一些白醋浸泡杯子，方便清除水垢、污渍。

② 去除地面、墙面顽固污渍的方法

用温水在抹布盆中冲开适量洗衣粉，用刷子粘上洗衣粉水刷洗有污渍的地面或墙面。地面从里往外刷，墙面从上往下刷，用画圆的方式，一点挨着一点刷，缝隙内、边角、附着物都要用刷子、扁铲除干净，最后用清洁干净的拖布或抹布反复擦拭，直到干净为止。

评价反思

表 3-37　模拟幼儿离园保育任务评价单

评价项目	评价要求	星级
离园准备工作	幼儿个人清洁、整理	☆☆☆
	晚检工作	☆☆☆
	与幼儿进行总结性谈话	☆☆☆
离园接待	组织幼儿有序排队	☆☆☆
	接待家长，与个别家长沟通	☆☆☆
	幼儿礼貌习惯培养	☆☆☆
离园后	物品整理，次日各项活动的准备	☆☆☆
	环境清洁、消毒	☆☆☆
	安全检查	☆☆☆

备注：优秀涂3颗星，良好涂2颗星，达标涂1颗星，未达标不涂星。

测一测

一、判断题（将答案写在括号内，正确的打"√"，错误的打"×"）

（　　）1．抹布使用完毕后，用剩余的配比好的消毒液浸泡30min。

（　　）2．在离园环节，可以和家长沟通幼儿在园表现，给予体弱儿或特殊儿的家长科学、合理的指导。

（　　）3．垃圾必须在每天下班前倾倒处理，杜绝在室内过夜。

（　　）4．只要来园时认真做好晨检就行了，晚检做不做都行。

（　　）5．幼儿离园后，可用紫外线灯对室内空气、物体表面进行照射消毒，时间为2h。

二、单项选择题（从给出的选项中选出一个正确选项的字母填在括号内）

1．卧室内的紫外线灯，应该在（　　）情况下使用。
　　A．定期的、无人的　　　　B．随机的、有人的
　　C．发生传染病后、无人的　D．定期的、有人的

2．托幼园所内的橱柜的角应选用（　　）为宜。
　　A．尖角　　　　　　　　　B．小圆角
　　C．六角　　　　　　　　　D．直角

3．活动室的擦拭清洁时间应固定在（　　）。
　　A．白天幼儿游戏时　　　　B．傍晚幼儿离园后
　　C．午后幼儿午睡时　　　　D．晨间幼儿进班前

4．保育师的离园工作包括（　　）。
　　A．关好门窗　　　　　　　B．整理活动室、盥洗室
　　C．整理衣物　　　　　　　D．以上都是

5．保育师的离园工作流程为（　　）。
　　A．整理和摆放物品→做好卫生消毒工作→检查安全隐患
　　B．做好卫生消毒工作→整理和摆放物品→检查安全隐患
　　C．检查安全隐患→整理和摆放物品→做好卫生消毒工作
　　D．整理和摆放物品→检查安全隐患→做好卫生消毒工作

三、拓展题

（1）反思自己在模拟离园实习中存在的问题及其对幼儿健康成长的不利影响。

（2）幼儿离园环节蕴藏着许多审美教育元素，你能找到吗？

（3）每到午睡时间，小班的壮壮都会和旁边的小朋友聊天，大声说话。针对这种情况，

你会怎样与家长沟通孩子不睡午觉的问题?

3.8 幼儿一日生活活动组织

学习目标

1．知识目标:
(1) 说出幼儿一日生活中的各种活动及其作用。
(2) 识记幼儿一日生活安排的依据和原则。
(3) 说出幼儿一日生活活动的环节和主要职责。
(4) 识记幼儿一日生活活动保育主要工作内容及工作流程。

2．能力目标:
(1) 能够小组合作模拟或实习完成一日生活活动的组织与实施。
(2) 能够在活动中观察幼儿的身体状况，发现可疑、异常情况，能够及时处理。
(3) 能够根据要求，完成活动组织的情况记录。
(4) 能够提前预想生活活动组织中可能存在安全隐患，并做好预防和排除工作。

3．素质目标:
(1) 严格按照操作规范进行，树立安全意识、规范意识，发扬吃苦耐劳的劳动精神。
(2) 关心、关爱幼儿，关注特殊儿童的照护，树立幼儿为本的教育观及儿童观。
(3) 同事分工、合作，有敬业、友善的品质，具有团队协作意识。

学习导语

幼儿园一日生活活动是满足幼儿生命基本需要的活动，包括来园、盥洗、如厕、进餐、饮水、睡眠、离园共七个环节典型的任务活动，旨在培养幼儿生活自理、与人交往、自我保护等能力和规则意识，养成健康的生活卫生习惯。同时，幼儿园一日生活活动又是实施幼儿园保教教育的主要途径，是每日保教活动的总和。作为未来的保教老师，学习掌握幼儿园日常生活常规，了解幼儿园一日生活各种活动对幼儿的行为要求，在日常的生活活动中认真贯彻落实，才能真正做到促进幼儿身心健康发展。

引导案例

小王和同学们终于迎来了期待已久的为期两天的幼儿园小班保育实习实践。去幼儿园之前，她和同学们以小组为单位，先学习了解了幼儿园关于小班幼儿保育的常规细则，又与带班的赵老师了解了班级学生的基本情况和需要重点关注的幼儿，对前一阶段在课堂上学习到的保育知识和技能进行了梳理。你觉得小王和同学们能够顺利完成实践体验吗？为什么？

学习探究

一、认知幼儿生活活动保育的重要保教价值

（一）认知幼儿生活活动保育的保育价值

幼儿每天在园时间长达九至十个小时，其中一多半的时间都是在进行盥洗、喝水、进餐、午睡等生活活动。小班的保教老师，每天都花费很长的时间引导幼儿进行洗手、漱口、刷牙、喝水、如厕等活动。看似重复、常规、琐碎的幼儿一日生活活动，包含了太多的教育因素，蕴含着巨大的教育价值。有序、有效的生活活动，能够帮助幼儿形成良好的生活与卫生习惯，提高自我保护能力，建立安全感与秩序感，给幼儿的学习和发展提供基本保证。

（二）幼儿一日生活中的各种活动及其作用

1．生活活动（如图 3-41 所示）。

生活活动包括入园、盥洗、如厕、午睡、离园等环节。生活活动让幼儿在真实的生活情境中感受到幼儿园的温馨，满足幼儿的基本生理和心理需要，建立良好的生活秩序和习惯；提高幼儿的自理能力，增强其自信心，增强幼儿的自我意识和交往能力，使其获得安全感和成就感，在共同的生活中能够安全、愉快、健康地成长。

2．游戏活动（如图 3-42 所示）。

幼儿园以游戏为基本活动。游戏为幼儿自主探索和学习提供了充分的机会，有助于发展幼儿的想象力、创造力和交往合作能力，增强幼儿的自尊心和自信心，让其体验自由、自主活动的乐趣，促进幼儿情感、个性的健康发展。

3．教育活动（如图 3-43 所示）。

教育活动是基于幼儿兴趣经验和实际水平组织的活动，包括小组活动和集体活动。小组活动是幼儿主动积极地操作材料，并按自己的速度和方式去参与活动，为幼儿提供了与同伴及教师交流、合作和分享经验的机会。小组活动有利于教师关注幼儿的个体差异，了解幼儿的个别发展状况，进而采取适宜的方式提供个别化支持。集体活动有利于培养幼儿的自我控制能力、注意力、良好倾听习惯和集体意识，但难以满足幼儿发展的个别需要。

4．运动活动（如图 3-44 所示）。

运动活动包括户外活动和室内活动。运动活动有助于满足幼儿身体运动的需要，通过体操、器械运动、利用自然因素锻炼等活动提高幼儿的身体素质、动作协调能力和适应环境的能力，激发幼儿参加体育锻炼的兴趣，培养幼儿坚强、勇敢、不怕困难的意志品质和主动、乐观、合作的态度。

图 3-41　生活活动

图 3-42　游戏活动

图 3-43　教育活动

图 3-44　运动活动

幼儿园生活活动还包括过渡环节活动。过渡环节指幼儿由一个活动过渡到另一个活动的过程。过渡环节可以让幼儿在宽松、自然、有序的环境中，自主地完成要做的事情，为下一个活动开展做好心理准备，养成有序生活的良好习惯。

二、探索执行幼儿园一日生活作息表时间

作为未来的保教人员，你能从这个"××幼儿园一日生活作息表"中，发现幼儿园一日生活作息制定的依据和原则吗？

（一）认知幼儿一日生活安排的依据

1. 幼儿的年龄特点。

幼儿期生长发育迅速，幼儿一日生活安排首先要满足其生长发育的需要。如依据幼儿对营养的需求，提供均衡的膳食，安排合理的进餐时间及次数，幼儿正餐间隔时间为3.5~5h，进餐时间为20~30min/餐，餐后安静活动或散步时间为10~15min。保证3~6岁儿童有充足的睡眠和足够的户外活动时间，午睡时间根据季节以2~2.5h/日为宜，寒冷、炎热季节可酌情调整。全日制幼儿园儿童每日的户外活动时间不少于2h，为其生长发育提供能量和机会。当遇到不能进行户外活动的雨雪天气时，各保教老师应设计好第二套方案，确保幼儿有充足的运动时间。

表3-38 ××幼儿园一日生活作息表

夏季		冬季	
时间	活动安排	时间	活动安排
7:30-8:00	来园、早操	7:30-8:10	来园、早餐
8:00-8:30	早餐	8:10-8:40	集体教育活动
8:30-9:00	集体教育活动	8:40-9:10	区角自选活动
9:00-9:30	加餐、饮水	9:10-9:40	加餐、饮水
9:30-10:30	户外活动	9:40-10:40	户外活动
10:30-11:00	区角自选活动	10:40-11:10	盥洗、餐前活动
11:00-11:30	盥洗、餐前活动	11:10-11:40	午餐
11:30-12:00	午餐	11:40-11:50	睡前活动
12:00-12:10	睡前活动	11:50-13:50	午睡
12:10-14:30	午睡	13:50-14:20	起床、盥洗、午点
14:30-15:00	起床、盥洗、午点	14:20-14:50	集体教育活动
15:00-15:20	游戏活动及定量饮水	14:50-15:50	户外活动
15:20-16:20	户外活动	15:50-16:00	餐前准备
16:20-16:30	餐前准备	16:00-16:30	晚餐
16:30-17:00	晚餐	16:30-17:00	离园
17:00-17:30	离园		

小班幼儿和中大班幼儿的年龄特点有所不同，在一日生活作息的安排也不同。如小班幼儿需要的睡眠、进餐时间比中大班幼儿更长，学习、活动的时间比中大班幼儿短。

2．幼儿的生理特点。

幼儿生理发展尚未完善，需要成人的关心、呵护，以保证其安全。根据幼儿的生理发展特点，一日生活安排既要有稳定性，又要有灵活性。做到动静交替、劳逸结合，减少疲劳的产生。

3．地域和季节特点。

幼儿一日生活安排应根据当地实际和季节特点进行适当的调整。如幼儿一日生活可设置夏令时和冬令时，做到因地制宜、因时制宜。

4．家长的需要。

由于有些家长工作的特殊性，或者有些家庭住址离幼儿园较远，幼儿园可以适当提前或推迟幼儿入园、离园的时间，也可尝试推行"离园后1小时"的服务，供有需要的家长选择。这种一日生活安排与组织的灵活处理，有利于家庭生活和幼儿园生活的衔接。

（二）认知幼儿一日生活安排的原则

《幼儿园教育指导纲要（试行）》提出，"科学、合理地安排和组织一日生活，"包括时间安排稳定性与灵活性相结合、教师直接指导活动与间接指导活动相结合、教师管理和幼儿自我管理相结合的要求。从学前教育目标出发，结合幼儿身心发展特点，总结出以下一日生活安排与组织的基本原则。

1．保教结合。

幼儿的年龄特点决定了幼儿园教育的特殊性，这种特殊性主要体现在保育与教育相结合上。保教结合是幼儿园教育工作的根本原则，即保中有教，教中有保。二者是相互融合、同步进行的，它们相互渗透，构成不可分割的统一体。

例如，进餐是幼儿在园一日生活活动中的重要环节，教师不仅要关注幼儿是否吃得好、吃得饱，还要引导幼儿参与餐前准备，如分发碗筷、盛饭端汤、自我服务；要重视幼儿独立进餐、文明进餐、不挑食、不偏食等良好进餐习惯的养成；要有针对性地开展诸如"做个不挑食的好宝宝""我会自己吃饭"等健康教育活动；要注意在幼儿进餐过程中，不处理幼儿的行为问题，营造温馨愉快的进餐氛围。可见，幼儿进餐涉及营养知识、进餐能力、饮食习惯、餐桌礼仪、安全卫生等许多保教结合的内容。

2．创设环境。

创设环境即根据幼儿身心发展的特点创设有准备、支持性的教育环境。保教人员之间应相互配合，创设温馨、舒适、安全、有序的物质和心理环境，共同做好一日生活的组织和指导，最大限度地支持和满足幼儿通过直接感知、实际操作和亲身体验获取经验的需要。

3．稳变统一。

稳变统一即稳定性和灵活性的统一。幼儿园既要建立稳定、有规律的一日生活流程，形成初步的生活节奏感，使幼儿保持情绪的稳定，给予他们安全感，避免幼儿因紧张、忙乱而产生失控感和不安全感，也要根据实际情况（表现、进程、需求等）灵活调整。当然，灵活调整并不是随意改变，否则不利于幼儿建立常规意识。

4. 师幼平衡。

师幼平衡即改变一日生活中教师安排组织时间过多、幼儿的自发自主时间太少的现状，幼儿自发自主活动与教师安排组织的活动要达到基本平衡。例如，对幼儿在一天中每个环节要进行的活动做出规定，但在每个环节中可以做什么，则应在教师计划的基础上给予幼儿充分的选择权和决定权。保证幼儿有足够的时间和场地进行自由游戏，让幼儿有充分的表达和表现机会，注意观察、了解每个幼儿的需要并积极做出回应。

5. 动静搭配。

动静搭配即幼儿一日生活安排动静结合、劳逸结合、室内外交替、活动形式多样化，集中活动、小组活动与个别活动结合，不同形式的活动交替进行。幼儿进行一段较长时间的活动后，需要一段时间的休息、喝水或者如厕，及时消除疲劳。教师组织的集体教学活动也要做到动静结合，根据幼儿注意力集中的时间长短来安排，一般活动时间是 15～30min，并且要安排幼儿的操作活动、分组活动，避免长时间让幼儿排排坐。

三、探索执行幼儿园一日生活作息表组织生活活动

（一）认知幼儿一日生活活动任务和考评

幼儿园一日生活保育课程是一门理论和实践一体化的课程，需要在模拟或真实的保教工作岗位上交替学习，有效促进学生技能水平的提高。学生的岗位实习主要包括认识实习、岗位实习。本次幼儿园保育认识实习任务和评价标准如下。

1. 实习任务：

（1）第一天：一日活动见习。

全面了解幼儿一日生活活动各环节的内容与要求。从来园至离园，观摩幼儿一日生活的全部活动内容。细心观察幼儿，积极与幼儿交往，尽可能多地记住本班幼儿的名字。体会认真、负责的态度，以及爱心、耐心、细心对工作的重要意义。

（2）第二天：保育活动见习。

完整观摩保育师一日工作的全部内容，在指导老师的带领下，配合保育师做好力所能及的保育工作。体验从来园至离园的全部活动内容，进行规范操作。细心观察幼儿，积极与幼儿交往，尽可能多地记住本班幼儿的名字。尝试配合指导老师做好与家长的沟通工作。

2. 学生实习成绩评价标准（见表3-39）：

实习考评包括职业道德与行为规范、保育工作实践两个方面，考评成绩分为优秀、良好、合格和不合格四个等级。考评由本人、同学、指导老师和带队老师共同评价。

（1）优秀。成绩在 90～100 分，无违反实习纪律的现象。

（2）良好。成绩在 75～89 分，缺勤时间在半天以内，迟到、早退的次数不超过一次（缺勤能事先请假，迟到或早退是由客观原因造成的），且未有其他违反实习纪律的现象。

（3）合格。成绩在 60～74 分，缺勤时间不超过总实习时间的 2/5，迟到、早退的次数在

两次及两次以下（缺勤能事先请假，迟到或早退是由客观原因造成的），且未有其他违反实习纪律的现象。

（4）不合格。有下列情况之一者：① 成绩在60分以下；② 有非客观原因造成的迟到或早退现象，或迟到、早退的次数在三次及三次以上；③ 有未经请假的缺勤情况（旷课），或缺勤时间超过实习总时间的2/5；④ 实习期间被处分甚至有违法违纪情况。

表3-39 学生实习成绩评价表

一级指标	二级指标	评价标准	分值	自评	组评	指导教师评分	带队教师评分
职业道德与行为规范	考勤	遵守实习单位的作息制度，无旷工、迟到、早退和无故请假现象	10				
	工作态度	热爱实习工作，实习准备充分，工作积极主动，责任心强，谦虚好学，勤奋上进，不怕苦、不怕脏、不怕累	10				
	组织纪律	严格遵守实习单位和学校的各项规章制度，无违法违纪行为，不做一切有碍实习工作的事情	10				
	行为规范	仪容仪表符合规范要求，举止仪态文雅，待人礼貌热情，工作规范且有条理	10				
	热爱幼儿	尊重和关爱幼儿，树立正确的教育观、儿童观，不歧视幼儿，不体罚或变相体罚幼儿	10				
	尊重老师、家长	尊敬老师，自觉服从指导老师及带队老师的安排，不评论老师；热情接待家长，协助老师做好家园沟通工作	10				
保育工作实践	岗位认知	明确保育师的工作职责和岗位要求，熟知幼儿一日生活各环节中保育工作的要求和操作规范	10				
	业务技能	能够按照保育工作的规定程序和操作规范，做好幼儿一日生活保育；能够与幼儿有效地进行沟通交流；与同事关系融洽，能采纳别人的合理建议；及时、准确地向家长传递信息及进行沟通交流	10				
	沟通能力	具有良好的语言表达能力、社会适应能力、心理承受能力、组织协调能力、人际沟通能力及自我反思能力等	10				
	实习记录	实习记录完整、内容翔实。	10				
合计			100				
最后成绩（四项平均）							
备注	有体罚和变相体罚行为或因失职造成幼儿出现安全事故的则本次实习不合格						

（二）探索完成认岗实习体验任务计划

请根据表 3-38"××幼儿园一日生活作息表"，选择一个季节，贯彻"保教结合""家园合作"原则，小组合作完成两天认岗实习任务计划（见表 3-40），为幼儿提供高质量的生活活动保育。

表 3-40 ××小组 ×季幼儿园认岗实习任务计划表

见习时间	年　月　日——　　年　月　日			
见习幼儿园		见习班级		
负责老师		见习指导老师		
结合本次认岗实习工作内容的梳理与分工，列出时间进度表，头脑风暴，思考如何完成此次见习任务				
第一天实习				
第二天实习				
备注				

组织实施

一、做好实习准备

1. 明确实习任务和组织安排，知晓《学生保育实习守则》要求。

《学生保育实习守则》

（1）严格遵守托幼园所的规章制度、操作规程、劳动纪律和安全要求。自觉服从实习单位的管理，尊重实习单位的指导老师，听从指导老师的安排，虚心向他们学习。

（2）热爱和尊重幼儿，对待幼儿态度和蔼、语言亲切，不体罚和变相体罚幼儿。

（3）严守纪律，尽心尽责，不怕苦、不怕累、不怕脏；在园期间不串岗、不离岗、不闲聊、不吃零食；不接打私人电话，不做任何与实习无关的事。

（4）严守幼儿园工作时间要求，早上准时到岗，下午在征得指导老师同意后方可离园。不迟到、不早退、不旷课、不自由活动，原则上不得请事假，因病请假须有医生证明，并向班主任及指导老师请假，无故缺席视作旷课，且实习成绩做不合格处理。

（5）以身作则、为人师表、仪表整洁，着工作服，穿轻便鞋；不披发、不烫发、不染发、不剪怪异发型；不化妆、不戴首饰、不染指甲，指甲长度不超过指尖1mm；举止文明、待人礼貌、行为规范、谈吐文雅、不说脏话。

（6）严格遵守幼儿园操作规范，虚心好学，细观察，多请教，善思考，勤记勤干；写好实习记录。

（7）同学之间要加强团结，互帮互助，不搞分裂，不闹矛盾。

（8）严守交通规则，注意途中安全；保管好自己的财物，不与陌生人搭讪，不在路上闲逛，早上离家后直接进园，下午离园后直接回家。

2. 提前学习，了解见习幼儿园保育方面的规章制度、操作规程、劳动纪律、安全要求和班级的基本情况。

《××幼儿园实习教师要求》

（1）每天按时上下班，不迟到或早退，有事提前一天请假。

（2）说普通话，并做到"三轻"（谈话轻、走路轻、拿放物品轻）。

（3）能与全体幼儿建立起积极的情感联系，热爱、关心幼儿，平等、公正地对待每一位幼儿。让幼儿有安全感、对教师有信任感。

（4）尊重幼儿，循循善诱，不偏爱、歧视、挖苦幼儿，不伤害幼儿自尊心，不体罚或变相体罚。不用"教师忌语"。

（5）保护幼儿安全，维护幼儿权益。

（6）不向家长索要财物或求家长办私事，不利用职务之便谋取私利。

（7）工作期间不玩手机。

（8）工作期间衣服干净整洁，发型自然、大方、干净。指甲要经常修剪与洗刷。女教师化淡妆，不佩戴款式夸张的耳环、项链等配饰，不穿高跟鞋。

（9）要求幼儿做到的事，教师首先做好。

（10）相互配合，团结协作。

3. 做好理论知识梳理，完成表3-41的填写。整理好仪容仪表，提前到达实习场地。

表 3-41　幼儿一日生活活动环节保育要点

生活活动环节	时间	主要工作内容	技术要点	设备工具材料	安全排查及预防
来园					
盥洗					
进餐					
饮水					
如厕					
睡眠					
离园					
备注					

小贴士：

怎样才能让幼儿园的保教老师和幼儿喜欢你，让你的第一次入园实践体验收获满满？

① "三多"（多看、多做、多问）：有目的地看看班级的环境布置，以及保教老师组织一日常规活动和指导孩子的技巧；主动协助保教老师完成力所能及的事；对疑惑的地方要敢于请教，学技能学方法，学以致用。

② 记住幼儿的名字，蹲下来轻声细语和孩子讲话，跟孩子们做朋友。

③ 保持一颗童心，准备几个有趣的故事、简单的手指游戏、集体运动游戏等，融入活动中。

二、做好幼儿一日生活活动的组织实施

1．听从指导老师的安排，参与幼儿一日生活活动保育活动的组织实施，完成活动前环境创设、活动过程中的辅助指导、活动结束后物品与场地的整理全过程。

2．在活动中遇到问题，及时向指导老师求教。

3．有团队意识，在完成自己的实践体验项目后，积极帮助同学。

4．关注幼儿的喜怒哀乐，对需要重点关注的幼儿提供必要的帮助和指导。

5．参与离园时与家长的沟通交流。

6．认真记录体验过程中的收获，完成实习记录表的填写（见表3-42）。

表 3-42　学生幼儿园实习记录表

班级姓名		实习日期	
实习幼儿园		实习班级	
负责老师		实习指导老师	
实习内容			
实习主要项目及预期目标			
收获及体会			
指导老师签字			

三、实习活动结束时

1．整理、完善实习记录表，请指导老师签字。

2．结合指导老师的实习评定结果，小组对实习情况进行反思、复盘，交流收获，反思存在的问题，研讨解决问题的方法，为下一步学习和将来的实习奠定基础。

评价反思

表 3-43　幼儿一日生活活动组织实施任务评价单

评价项目	评价要求	星级
准备工作	规章制度学习	☆☆☆
	理论知识梳理	☆☆☆
	仪容仪表	☆☆☆
活动组织 实施过程	关注幼儿安全	☆☆☆
	热情对待幼儿及家长	☆☆☆
	尊重指导老师、虚心学习	☆☆☆
	照护幼儿保育技能实践	☆☆☆
	积极性、主动性	☆☆☆
	团队意识	☆☆☆
	实习记录	☆☆☆
活动结束	反思复盘	☆☆☆

备注：优秀涂 3 颗星，良好涂 2 颗星，达标涂 1 颗星，未达标不涂星。

测一测

一、判断题（将答案写在括号内，正确的打"√"，错误的打"×"）

（　　）1. 幼儿生活活动保育能给幼儿的学习和发展提供基本保证。

（　　）2. 集体活动有利于教师关注幼儿的个体差异，了解幼儿的个别发展状况，进而采取适宜的方式提供个别化支持。

（　　）3. 运动活动有助于培养幼儿坚强、勇敢、不怕困难的意志品质和主动、乐观、合作的态度。

（　　）4. 过渡环节可以让幼儿在宽松、自然、有序的环境中，自主地完成要做的事情，为下一个活动做好心理准备，养成有序生活的良好习惯。

（　　）5. 根据幼儿一日生活安排的稳变统一原则，可以根据实际情况（表现、进程、需求等）随意改变调整。

二、单项选择题（从给出的选项中选出一个正确选项的字母填在括号内）

1. 幼儿园以（　　）为基本活动。
  A．生活活动   B．游戏活动
  C．教育活动   D．运动活动

2. 幼儿一日生活安排的依据有（　　）。
  A．幼儿的年龄和生理特点   B．地域和季节特点
  C．家长的需要   D．以上都是

3. 幼儿一日生活安排与组织的基本原则有（　　）。
  A．保教结合   B．创设环境和动静搭配
  C．稳变统一和师幼平衡   D．以上都是

4. 全日制幼儿园儿童每日户外活动时间不少于（　　）h，为其生长发育提供能量和机会。
  A．0.5   B．1
  C．1.5   D．2

5. 幼儿进餐时间一般为（　　）min/餐。
  A．5～10   B．10～20
  C．20～30   D．30～40

三、拓展题

1. 反思自己在入园保育实习中存在的问题及其对幼儿健康成长的不利影响。
2. 交流自己保育实习的收获和体会。

学习情境四

幼儿教育活动协助与指导

情境学习目标

1. 识记保育师在幼儿园集体教育活动、区域活动、游戏活动、户外体育活动和环境创设中的工作内容。
2. 能够严格按照规范协助教师完成对幼儿参与活动的组织和指导。
3. 贯彻"保教结合"原则，尊重、关爱幼儿，树立安全意识、团队协作意识，拥有"保教合一"的教育理念和幼儿为本的教育观及儿童观。

学习导语

幼儿园是对3~6岁儿童实施保育和教育的机构，坚持保育与教育相结合的原则，对幼儿实施体、智、德、美、劳全面发展的教育，促进其身心和谐发展是幼儿园教育的目标。因此，教师在制订计划、组织实施各项教育活动中，要树立保育和教育相结合的整体观念。那么，在教育工作的各个环节中，保育师应如何配合班级教师开展教育工作呢？《幼儿园工作规程》规定，保育师应该"在教师指导下，科学照料和管理幼儿生活，并配合本班教师组织教育活动"。因此，辅助教育活动是保育师重要的工作内容之一。保育师要参与教学活动，要和教师一起准备活动材料（如图4-1所示）；户外活动中要注意调整幼儿的运动量；游戏活动时要注意观察幼儿，给予幼儿及时的帮助；自由活动时要参与教师管理幼儿活动等。本情境主要从辅助集体教育活动、区域活动、游戏活动、户外体育活动和环境创设五个方面，说明保育师辅助教育活动的内容、方法和需要注意的问题，提高保育师组织和指导幼儿参与活动的能力。

工作情境描述

幼儿园阶段的教育活动，主要包括集体教育活动、区域活动、游戏活动、户外体育等，具有应用场景多元化、组织形式多样化、活动形式满足个体差异化等特点。作为保育员，要履行好配班的职责，清楚幼儿园教育活动的特点，特别是小、中、大班幼儿的不同学习特点。要了解活动目标和组织活动的步骤，在活动前做好场地、材料的准备，激发幼儿的参与兴趣。活动中发挥幼儿的主体地位，进行适时、适度的指导，关注个体差异需要，做好特殊幼儿的照护和个别指导。活动结束后，协助教师进行场地及材料的整理、分享与反馈活动情况和生活活动的衔接。充分发挥好教育资源的整合价值，协助教师更好地进行教育活动的设计和组织，以促进幼儿主动探索、积极体验，提高幼儿身体素质和适应环境的能力，为后续学习打下良好的基础。

图 4-1　保育师配合教师准备材料

4.1　幼儿园集体教育活动中的保育

4.1 微课视频：
集体教育活动中的
辅导实施

学习目标

1. 知识目标：
（1）说出集体教育活动的特点和保育师的配班规范操作要求。
（2）识记保育师在幼儿园集体教育活动中辅助配合的方法。

2．能力目标：

（1）能够根据需要及时、周到配合教师开展教育活动，保证教育活动的顺利开展。

（2）能够认真观察幼儿，积极参与幼儿的活动，做好个别指导和教育工作。

3．素质目标：关爱幼儿，全身心投入到工作中，实施"保教合一"，携手努力促进幼儿的身心健康发展。

学习导语

保育师是第一线的幼教工作者，在幼儿的发展中扮演着照顾者、教育者等多种角色，对幼儿的身心健康、行为习惯以及个性、情感等各方面均产生深刻的影响。但在幼儿园教育实践中，也存在着教师和保育师各自忙着各自的事情，工作中既分工又分家的情况；有的教师在指导幼儿教育活动时，保育师看到教师忙于讲解内容而疏于关注幼儿的行为习惯，帮忙组织却导致打断教师的活动组织而"帮倒忙"的情况。为了更好地实现"保教融合"，现在很多幼儿园班级管理的模式是"两教一保"或"三教轮保"，保育师的工作发展方向也朝着专业幼儿园教师发展，因此保育师要更准确地定位自己的角色，把握好幼儿园教育中的教育契机，更好地体现幼儿一日生活中的教育价值，高质量地促进幼儿和谐、全面、健康发展。

引导案例

小李是一名新参加工作的保育师，她每天总是第一个到达教室，麻利地做好班级的室内外卫生。在一日生活活动中，她也是尽心尽力指导幼儿的喝水、进餐、如厕、睡眠等，耐心地帮助需要特别关注的幼儿。在集体教育活动时，她也总是主动询问主班老师是否需要协助制作、摆放玩教具、桌椅，在老师组织讲解时，她坐在旁边，细心观察小朋友们的表现，及时满足幼儿喝水、如厕的需求，对完成活动有困难的幼儿，进行鼓励和引导，活动结束后她迅速完成活动场地、工具、材料的收拾、整理和场地的清洁卫生工作，并将活动过程中观察到的现象及自己对教学活动的想法及时反馈给教师。

你觉得小李在班级集体教育活动中的保育工作称职吗？为什么？

学习探究

一、认知幼儿园集体教育活动的特点

（一）幼儿园集体教育活动的特点

《幼儿园教育指导纲要（试行）》中明确指出："幼儿园教育应尊重幼儿的人格和权利，尊重幼儿身心发展的规律和学习特点，以游戏为基本活动，保教并重，关注个别差异，促进每

个幼儿富有个性的发展。"从广义上来说,"教育活动"是幼儿教育工作者为实现幼儿园的培育目标,在一日生活中所安排的各种活动的综合,是教师有目的、有计划地在一定时间内组织的专门的教育活动。幼儿园的教育活动组织形式一般有集体活动、小组活动和个别活动。从狭义上来讲,"教育活动"是指目前在幼儿园开展的各种主题教育活动或各领域教育活动,也就是大家以前所熟识的"课"。

集体教育活动是幼儿在园活动的一个重要环节,即保教人员有目的、有计划地组织全体学前儿童参加的教育活动,是教学的重要途径之一。集体教育活动是集中全班幼儿进行整体学习的形式,是全班幼儿共同参与的教育活动,一般具有计划性强、组织严密、时间固定的特点。集体教育活动有利于教师在短时间内向幼儿提供经验,保证教育的公平性、条理性和连贯性;有利于幼儿自律、合作意识的培养,提高幼儿的思维水平,促进其智力发展。

集体教育质量对于幼儿园教育质量的提升起着重要的作用,也体现了教师的专业化水平。因此,保教老师只有多学习、多观察、多反思,相互配合,不断解决集体教育活动中的问题和不足,才能形成适宜的教学机制,从而提升集体教育活动的效率和质量。保育师在集体教育活动中起着配合主班教师完成教育目标,帮助主动搭台、补台的重要作用。在集体教育活动过程中以一定的教育内容和教育手段为媒介和幼儿互相作用,作为配班教师,保育师的要求如下。

《幼儿园工作规程》第五条明确指出,幼儿园保育和教育的主要目标是:

1. 促进幼儿身体正常发育和机能的协调发展,增强体质,促进心理健康,培养良好的生活习惯、卫生习惯和参加体育活动的兴趣。

2. 发展幼儿智力,培养正确运用感官和语言交往的基本能力,增进对环境的认识,培养有益的兴趣和求知欲望,培养初步的动手探究能力。

3. 萌发幼儿爱祖国、爱家乡、爱集体、爱劳动、爱科学的情感,培养诚实、自信、友爱、勇敢、勤学、好问、爱护公物、克服困难、讲礼貌、守纪律等良好的品德行为和习惯,以及活泼开朗的性格。

4. 培养幼儿初步感受美和表现美的情趣和能力。

保育师在集体教育活动中配合班级教师的具体要求:除管理幼儿的一日生活外,还有配合班级教师组织教育活动的职责。保育师应时刻配合教师,全身心地投入工作,达到"保中有教,教中有保",共同提升教育质量。

(二)集体教育活动中保育师配班基本职责

配班工作就是要求保育师协助主班教师、配合引导幼儿顺利完成教育活动。为此,保育师要对一日活动内容做到心中有数,明确配班内容和流程。尽职尽责全方位地做好配班工作。集体教育活动中保育师配班规范操作要求见表4-1。

表 4-1　集体教育活动中保育师配班规范操作要求

序号	流程	规范
1	集体教育活动前的准备	（1）知识经验的准备：向教师了解活动的目标、内容、程序和方法 （2）活动场地的准备：室内活动调节好室内光线，摆放好桌椅，整理好场地卫生；户外活动排查场地安全，做好卫生 （3）活动用具准备：帮助教师准备并摆放好所需的教具和材料，协助教师摆放充足、完好的幼儿学具和学习材料 （4）排除与教学无关的人
2	集体教育活动中的指导	（1）协助教师做好活动的组织工作 （2）关注教育活动实施动态，及时提供支持 （3）观察、了解幼儿的个别需求，给予适时、适宜的指导 （4）注意幼儿活动中的安全事项
3	集体教育活动结束后的整理	（1）帮助教师收拾整理活动中使用的玩教具和材料 （2）根据需要将桌椅复位并摆放整齐，整理活动场地卫生 （3）组织幼儿及时盥洗、如厕、饮水 （4）向教师反馈活动过程中自己观察到的现象和想法

二、探索保育师在幼儿园集体教育活动中辅助的方法

（一）明确目标，了解过程，做好活动前的准备。

教育目标是整个教育活动中选择和确定要素的依据，在整个教育活动中具有导向作用。

保育师在配合教育活动时应提前了解教师制定的教学目标和教学计划，明确活动的内容和过程，做到心中有数，这样才能对材料的投放有充分的准备，根据不同教育活动的需要，准备好教学活动所需的场地和教具、玩具材料等（如图 4-2 所示）。擦好桌椅、黑板，保持活动室的整洁干燥，做好活动环节的准备，根据幼儿的实际情况安排座位，为有针对性地指导幼儿活动做好准备。

图 4-2　准备好教具、玩具材料

（二）了解幼儿发展水平，及时、周到、适当地配合教师开展教育活动。

在了解活动的内容和程序后，在活动中保育师要认真观察幼儿，发现幼儿的兴趣点，在了解幼儿身心发展特点的基础上积极参与到幼儿的活动中去，根据需要帮助教师出示教具、操作演示教具或承担一定的角色，及时纠正活动中幼儿的不正确行为等。在活动中观察幼儿的身体、情绪及参与活动的情况，做好个别指导和个别教育工作，提醒纠正幼儿的不良行为习惯，如纠正幼儿不良坐姿、指导正确握笔姿势等。在幼儿进行活动时，保育师应按照教师的要求进行指导，及时肯定幼儿，鼓励胆怯、能力弱的幼儿努力完成活动任务，让幼儿遵守活动规则和常规要求。保育师要意识到自己也是幼儿学习的支持者、合作者、引导者，要以参与者的身份参与活动去指导，避免使用命令式、控制式的指令，过多地干预幼儿的活动，一味地指手画脚或包办代替。

（三）整理学习用品和场地，协助教师分享交流。

教育活动结束后，保育师要协助教师展示幼儿作品，分享交流，让幼儿有成就感。活动结束后，及时指导幼儿收拾整理学习用品，桌、椅、教具放回原位，清理、打扫干净活动场地。引导幼儿进行盥洗、如厕、饮水等。

组织实施

一、做好集体教育活动准备

1．与主班老师一起，沟通了解本周的教育目标，确定需要提前做的物质准备工作和活动过程中需要配合的环节。

2．每次活动前要与教师沟通，了解教育活动的内容、桌椅的摆放形式、玩教具的准备种类以及是否需要制作新教具等。根据已定好的活动内容准备需要的材料，与教师共同设计和布置活动场地，摆放设备和桌椅，做好教具、工具、材料、物品、图片、手工制作必需品等各方面的准备。

3．布置好场地后，根据活动的需要和教师的要求，把活动材料、教具等摆放到指定的位置。要注意保证材料的充足及安全性（如需人手一份的，可指导中、大班值日生共同完成）。

4．与教师共同做好教育活动前的精神准备。活动前，保育师应根据教育目标协助教师启发幼儿对将要开展的活动进行思考，协助教师稳定幼儿的情绪，照顾个别幼儿，与教师共同创设平等自由、和谐宽松的活动氛围。

💡 **小贴士：**

集体教育活动中如何安排保教老师和幼儿的位置？

① 集体上课时，一般采用半圆形座位，使幼儿正面能看到老师所使用的教具或课件，教

师应站在幼儿正面，保育师一般站在幼儿的后面。

② 集体游戏活动时，一般采用圆形站位，教师和保育师面对面站立，以便能够关注到所有的幼儿。

③ 操作活动时，幼儿进行小组活动，教师和保育师一般成斜对角站位，确保能够及时指导所有幼儿。

二、做好活动辅助配合与个别指导

1．随时关注教师的需求，不随意打断、干扰教师的活动，根据活动的动态适时、适当地给予协助，以保障教师教育活动的顺利进行。

2．密切关注幼儿的行为，协助教师维持教育活动的秩序，排除参与活动的干扰因素。幼儿自我控制能力较差，保育师要时刻关注幼儿的情绪和注意力，使幼儿能够以良好的心理状态参与集体教育活动。

（1）对需要饮水、如厕的幼儿，保育师要及时发现并予以解决；

（2）对于情绪比较激动的幼儿，要在不影响活动秩序的前提下给予其精神上的安抚；

（3）协助教师吸引、稳定幼儿的注意力，维持活动的秩序；

（4）运用恰当的方式，提醒幼儿不要把活动材料放在嘴里，指导幼儿安全、正确使用工具、材料；指导幼儿保持正确的坐姿、握笔姿势等；及时制止、协助处理幼儿之间的小冲突等意外事件；

（5）关注需要特殊照顾的幼儿，如学习能力较差、主动性欠缺的幼儿，要通过多启发、正确示范来引导幼儿，鼓励胆怯幼儿大胆表达自己的愿望，对幼儿的点滴进步要予以肯定和表扬，帮助其努力完成学习活动，树立自信心。

三、活动后的整理与反馈工作

1．活动结束后，保育师要协助教师展示幼儿作品或分享活动的感受，使幼儿感受到成功和被重视的快乐。

2．保育师要与中、大班幼儿和教师一起对活动场地、设备、活动中使用的工具、材料等进行初步收拾和整理。如指导幼儿把用过的东西放回原处；把活动场地中的废弃物和垃圾进行分类后投放到相对应的垃圾桶里，注意对幼儿垃圾分类意识的培养。

3．保育师指导幼儿收拾整理结束后，还应根据情况做进一步的收拾与整理，清点和检查设备、材料的情况，保证设备、教具和工具、物品还原成使用前的样子，以便下次使用。

4．及时将幼儿在活动中的作品及其他有保留价值的物品（如幼儿的绘画和手工作品等）进行归类、整理，标上日期收放好，以便日后查阅。

5．待幼儿全部离开活动室后，做好活动场地的清洁卫生工作，及时开窗通风。

6．组织幼儿有序盥洗、如厕、饮水等。

7. 与主班教师交流活动效果，反映自己观察到的活动中幼儿的特殊表现和想法，共同制定合适的教育措施。

评价反思

表 4-2　模拟幼儿园集体教育活动中的保育任务评价单

评价项目	评价要求	星级
活动前的准备	知识经验的准备	☆☆☆
	活动场地的准备	☆☆☆
	活动用具的准备	☆☆☆
	安全隐患排除	☆☆☆
活动中的指导	辅助配合教师活动	☆☆☆
	满足幼儿生活活动需求	☆☆☆
	维持活动秩序	☆☆☆
	特殊幼儿的指导与帮助	☆☆☆
	处理突发安全事件	☆☆☆
活动结束后的整理	作品展示分享	☆☆☆
	场地复原	☆☆☆
	物品归位摆放	☆☆☆
	幼儿参与度	☆☆☆
	活动效果反馈	☆☆☆

备注：优秀涂 3 颗星，良好涂 2 颗星，达标涂 1 颗星，未达标不涂星。

测一测

一、判断题（将答案写在括号内，正确的打"√"，错误的打"×"）

（　　）1. 集体教育活动是幼儿在园活动的一个重要环节，有利于幼儿自律、合作意识的培养，提高幼儿的思维水平，促进其智力发展。

（　　）2. 小组活动和个别教育质量对于幼儿园教育质量的提升起着重要的作用，也体现了教师的专业化水平。

（　　）3. 保育师要以参与者的身份参与活动，对于动手能力弱的幼儿，应该包办代替。

（　　）4. 集体活动结束后为了安全起见，收拾整理学习用品，桌、椅、教具放回原位等工作只能由保育师来完成。

（　　）5.保育师在把活动材料、教具等摆放到指定的位置时要注意保证材料的充足及安全性。

二、单项选择题（从给出的选项中选出一个正确选项的字母填在括号内）

1.集体教育活动一般具有（　　）的特点。
  A．计划性强   B．组织严密
  C．时间固定   D．以上都是

2.保育师在集体教育活动中的身份是幼儿学习的（　　）。
  A．支持者   B．合作者
  C．引导者   D．以上都是

3.以下不属于保育师辅助教师进行集体教育活动内容的是（　　）。
  A．活动场地、用具准备
  B．注意幼儿活动中的安全事项
  C．确定教育活动的目标
  D．结束后收拾整理活动中使用的玩教具和材料

4.以下属于保育师在集体教育活动中协助教师维持教育活动秩序的是（　　）。
  A．满足需要饮水、如厕的幼儿
  B．安抚情绪比较激动的幼儿
  C．指导幼儿安全、正确使用工具、材料
  D．以上都是

5.保育师在关注需要特殊照顾的幼儿，要采取（　　）办法。
  A．讲授式   B．启发式
  C．包办式   D．小组合作式

4.2　幼儿园区域活动中的保育

学习目标

1.知识目标：
（1）说出区域活动的特点和保育师的配班规范操作要求。

(2) 识记保育师在幼儿园区域活动中辅助配合的方法。

2．能力目标：

（1）能够根据需要配合教师开展教育活动，保证区域活动的顺利进行。

（2）能够积极加入学习活动中，认真观察、记录，及时反馈，做好个别幼儿指导和教育工作。

3．素质目标：贯彻"保教结合"原则，树立安全、服务意识，平等对待幼儿，关爱幼儿，具备幼儿为本的教育观及儿童观。

学习导语

幼儿园区域活动是当前幼儿园主要的活动形式之一，保育师作为幼儿学习的支持者、帮助者、引导者，要认识到区域活动对幼儿发展的重要意义，充分掌握这些特点，懂得基于观察对幼儿区域活动前、中、后不同活动阶段进行有效指导，可以引导幼儿的学习向纵深发展，从中收获快乐的体验，促进幼儿更高发展阶段的学习。

引导案例

区域活动开始了，小四班的孩子们都投入到了自己的角色中，有的扮演医生，用听诊器为娃娃诊断；有的在演生病孩子的妈妈，抱着布娃娃安抚着，有医生正在进行打针和输液的操作；有的在演超市的收银员，给来购物的小朋友扫码结账；有的扮演理发店的理发师，模拟为小朋友们理发；还有的扮演保育师，为小朋友们分发餐具和饭菜……保育师王老师像往常一样在孩子们的游戏中充当着一个观察者，提醒游离于游戏之外的孩子，并在小朋友的邀请下和小朋友一起参与购物的游戏，并不时地夸赞"医生""理发师""收银员""保育师"的技术高超，服务态度好。

你觉得王老师在区域活动中的保育工作称职吗？为什么？

学习探究

一、认知幼儿园区域活动的特点

（一）幼儿园区域活动的特点

区域活动又称区角活动、学习区活动，是从幼儿的水平、兴趣、特点和需要出发，制定适宜的教育目标，并划分一些区域，在其中投放相应的设施和材料，让幼儿自主、自愿地进行体验操作的活动。区域活动打破了集体教学的模式，充分考虑了幼儿的差异性和个性，主张幼儿自由、自选、自主，满足不同幼儿的兴趣与需求。幼儿通过自由选择材料和游戏同伴，在自由轻松的环境中自由操作、自发交流等方式，获得丰富的感性经验，而这些感性经验是幼儿建构概念的重要基础，也是教学设计和实施的重要依据。同时区域活动也经常作为集体教育活动的补充与延伸，可以生成教育活动，二者相辅相成，在一定条件下也可以相互转化。

区域活动依据主题和活动方式的不同，具体可分为角色区、阅读区、美工区、建构区、益智区、科学区、体育运动区、表演区等。区域活动的特点如下：

1．个别化学习。

保育师针对不同年龄的幼儿和幼儿不同的发展水平投放相应的活动材料，幼儿可以根据自己的爱好和兴趣，自主地选择适宜的学习活动材料，在活动材料与周围环境的相互作用下满足幼儿个性化学习需求。

2．自主性。

区域活动一般采用自选游戏的活动形式。活动时间、活动主题、材料选择、操作方式等都由幼儿自主决定。

3．可操作性。

幼儿以具体形象思维为主，好奇心强、爱摆弄东西是幼儿的天性。区域活动最重要的行为就是幼儿动手操作学习材料。幼儿在动手操作过程中感知材料的特性，懂得材料之间的关系，以此达成教育目标。

4．趣味性。

在轻松、自由的游戏活动中，幼儿利用各种各样的材料自主地开展各类游戏活动，既有个人游戏，也有合作或群体游戏，这些游戏活动都能给幼儿带来无穷的愉悦体验。

5．互动性。

在区域活动中，幼儿与材料、同伴、保育师以及环境等相互作用，重新建构自己的认知体系，丰富生活、学习经验。学习材料是幼儿探索未知世界的载体，同伴、保育师与幼儿的互动也是必不可少的。

（二）区域活动中保育师配班基本职责

保育师在幼儿区域活动中要协助教师创设高质量的区域环境；观察教师所创设的区域活动是否符合幼儿的实际需要和兴趣，幼儿在活动过程中的实际需求是什么；当幼儿在活动中产生疑问或遇到困难时，及时地为其提供解决问题的资源或信息，引导幼儿寻找探究问题的角度或方法，激发幼儿的创造性，成为幼儿游戏的合作伙伴。区域活动中保育师配班规范操作要求见表4-3。

表4-3　区域活动中保育师配班规范操作要求

序号	流程	规范
1	区域活动前的准备	（1）协助教师布置和调整安全、宽敞、互不干扰的区域环境 （2）协助教师制作和投放适宜的游戏材料 （3）排除与幼儿活动无关的人和物

续表

序号	流程	规范
2	区域活动中的指导	（1）保持区域环境的安全与卫生 （2）协助幼儿制订区域活动的计划 （3）协助幼儿参与区域活动，注重观察记录 （4）关注幼儿需求，适时适宜提供支持 （5）注意关注活动中的特殊幼儿
3	区域活动结束后的整理	（1）指导并协助幼儿一起做好活动后的收拾、整理工作 （2）做好幼儿洗手、如厕等保育护理 （3）适时协助幼儿对自己的活动进行回顾、分享

二、探索保育师在幼儿园区域活动中有效指导的方法

区域活动是在有准备的情况下幼儿的自主、个别化的学习活动。在组织活动时，既要给予孩子充分自主探索的机会，发展幼儿独立思考、自主学习的能力，又要向幼儿提供适宜的学习支持与指导，促进幼儿学习的深度发展。很多保育师都能意识到为幼儿提供支持与指导对幼儿学习起促进作用，重视区域活动给予幼儿指导，但往往会出现诸如急于教授知识或解决纠纷等原因导致的过少或过多地指导幼儿自主学习的行为，如"救火式""强制式""放羊式"等指导，非但没有发挥促进作用，反而影响到幼儿的自主学习进程与效果。保育师在幼儿园区域活动中有效指导的方法主要有以下几点：

（一）活动前指导幼儿科学选择学习区

幼儿在开展区域活动前要根据自己的经验、兴趣以及能力水平，自主地选择自己想去的活动区域。在选择区域的过程中幼儿学会根据自己的经验、兴趣以及能力水平确定学习目的，即"想玩什么"；根据自己的学习意愿，幼儿自己决定选择哪个学习区域，可以培养幼儿做事的计划性，即"我准备想怎样玩"；选择区域时有可能遇到问题，比如，想去的区域已经到了人数上限，幼儿必须与同伴协商或另行调整学习计划，培养了幼儿解决问题的能力。这一环节中保育师要通过观察了解幼儿的学习兴趣，发现幼儿的能力水平，当幼儿有需要时及时给予指导，帮助幼儿顺利开展区域活动。

1. 真正放手，让幼儿自由地选择区域。

保育师要营造宽松、自由的选区环境，允许幼儿在一定的区域规则下根据自己的经验、兴趣以及能力水平自由地选择区域，真正做到"我想去哪儿玩就去哪儿玩"。

2. 熟悉材料，让幼儿自主地选择区域。

幼儿有了自己的学习意愿后，还要熟悉各个区域的内容、规则以及材料玩法才能准确地选择到满足自己学习意愿的区域。因此，保育师要提前让幼儿熟悉区域的内容、规则以及材料玩法，即"知道有什么"。教师创设学习区域和投放学习材料时，不应把幼儿排除在外，应该尽可能地与幼儿商量创设"什么学习区域"，一起创设活动区域，甚至指导幼儿共同制作学

习材料，幼儿只有参与区域创设的过程，才能真正地理解区域的教育价值，知晓学习材料的操作方法。

（二）活动时指导幼儿有效学习

1．指导幼儿遵守区域规则。

规则是维持区域活动秩序的内化约束，制定规则后要让幼儿熟悉区域里的规则，让幼儿在选择区域、操作材料等环节中时刻遵守每个区域的规则，保证自主学习和合作学习的顺利开展。比如，人数的限制，可以用小脚印或插卡槽来提醒幼儿，小鞋子或进区卡放满了就不能进该学习区域；阅读区里要求安静看书，不能大声喧哗，爱护图书，轻取轻放，轻脚步走路，轻交谈讨论；美工区里使用剪刀要注意安全，不允许用剪刀指向其他小朋友，用完剪刀后应立即放回原处。

2．把握好介入指导的时机。

区域活动中，保育师指导幼儿可以促进幼儿的游戏水平向更高的阶段发展。如果保育师是以积极支持的方式与幼儿进行互动，将会对幼儿的游戏行为起到促进作用；而保育师指导操纵性强，给予较强的结构性限制，不但不能促进幼儿的游戏行为发展，而且会中断幼儿的游戏行为。判断保育师介入指导时机是否适当的标准有以下三点：

（1）你的介入是否尊重幼儿的游戏意愿。

（2）你的介入是否帮助幼儿形成新的经验。

（3）幼儿对你的介入是否予以积极响应。

3．处理好活动中的纠纷。

由于幼儿具有活泼好动、自我中心意识较强以及自我控制能力较差等特点，在区域活动中容易发生争抢区域、争抢材料、影响他人活动等情况，严重影响区域活动的整体开展，有可能造成混乱。当纠纷发生后，保育师要正确对待纠纷现象，帮助幼儿学会客观地对待自己的情绪，正确地表达自己的诉求，学习与同伴沟通协商，促进幼儿的社会性发展。在解决纠纷时，保育师可以大致遵循以下步骤：认真倾听幼儿双方的陈述；与幼儿一起分析问题产生的原因；讨论解决问题的办法；实施后问题解决。

4．关注幼儿的学习状态。

在区域活动中保育师要随时观察全体幼儿的学习状态，如合作情况、心理情绪等，保证幼儿在安全、舒适的区域环境中愉悦地学习成长。比如，在户外体育活动时，保育师可以通过"一察、二摸、三问"了解幼儿体育活动时的身体状态。

"一察"是指随时观察幼儿在活动中的脸色、出汗情况及动作。若幼儿脸色红润、大汗淋漓，说明幼儿的运动量大，需要适时调整；反之，若幼儿脸色无变化，则应加大运动量，从而达到锻炼身体的目的。

"二摸"是指经常摸摸幼儿的额头、脖子或者后背，查看幼儿身体热度以及出汗程度，及时给幼儿擦汗，脱减衣服。

"三问"是指经常询问幼儿的运动情况，了解幼儿的心理状态。

（三）活动后指导幼儿整理评价

1．收拾整理学习材料。

收拾整理学习材料是区域活动的重要组成部分，对幼儿的学习与发展具有独特的价值。幼儿在操作材料后进行收拾整理，既能培养幼儿的劳动意识、责任意识、合作精神等，又能让幼儿学习到物品分类、比较、排序等认知知识。因此，保育师在区域活动结束后，指导幼儿按标签或图示把材料摆放到原来的位置，并学习把物品摆放整齐。摆放物品时学会与他人合作，共同完成收拾任务。特别是在户外体育区域活动的收拾中，指导幼儿共同把体育器械力所能及地摆放回器械存放区，并按物品摆放的标识有序地摆放整齐。

2．指导幼儿交流与分享。

幼儿的个别化学习结束后，保育师要组织幼儿进行小组或集体的学习交流与分享，指导幼儿对自己的操作学习进行回顾，相互学习操作学习材料的心得体会。同时，保育师可以利用照片或视频对区域活动的开展进行总结与分析，示范推广好的经验，指出存在问题并进行讨论，提醒幼儿下次注意。在交流分享环节中培养幼儿大胆表达、专注倾听、学会分享的学习品质。

组织实施

一、做好区域活动前的准备

1．保育师配合教师，根据本班孩子的兴趣需要、年龄特征、发展水平、主题活动的内容适时调整区域的布置，吸引幼儿参与活动及使用材料。

2．合理拟定区域的种类与数量，一般来说，每个活动区的最佳容纳量是 4~5 人，不能过于拥挤。

3．排查活动区的安全隐患，保证地面平坦，玩具无破损，对幼儿进行活动安全教育；合理确定各区的空间位置，动、静尽量分开，区域之间有适当的"封闭性"，避免因"界限"不明确而产生消极影响；活动室内避免出现死角，室内"交通路线"力求畅通无阻，以免幼儿发生拥挤、碰撞等不安全情况。

4．协助教师制作具有安全性、艺术性、计划性、针对性、目标性的游戏材料，材料投放应该形式多样、种类丰富、一物多玩。

二、做好区域活动过程中的辅助配合

1．保持区域环境的安全与卫生。环境因素在潜移默化中对幼儿的成长起着重要的作用。保持场地宽敞、无积水、清洁卫生；加强巡视检查，经常清点人数，及时发现并制止幼儿把玩具含在口中、在幼儿密集处挥舞玩具等不卫生或危险的举动，根据幼儿活动量及气温变化，

及时帮助或提醒幼儿擦汗和增减衣服；对体弱、生病的幼儿给予特殊照顾和护理。

2. 协助幼儿制订区域活动的计划。在幼儿入区之前通过小组研讨、一对一指导等多种方式，鼓励幼儿通过游戏、口语、图画、符号等方式表达自己计划的想法、内容或目标，对于不能制订活动计划的幼儿要给予及时的回应和指导。

3. 协助幼儿参与区域活动，注重观察记录。在幼儿进行区域活动时，保育师要选择适当的位置观察和了解幼儿自主学习与游戏情况，一方面要对活动区各区的使用频率、活动材料的数量和难易程度、幼儿间的冲突与环境的关系、事故与环境的关系等方面进行观察与评估；另一方面对幼儿的兴趣、活动参与情况、幼儿社会交往水平、幼儿认知发展水平、遵守规则情况等进行观察记录。保育师要在恰当的时候用适宜的方式回应幼儿的需求，必要时协助幼儿处理与同伴之间的矛盾冲突。

4. 及时介入，适时适宜提供支持。幼儿在活动中遇到困难要放弃，幼儿之间发生争执，幼儿有求于保育师时，保育师要适时加入活动中，及时提出合理的建议，巧妙引导幼儿自己想出一些切实可行的方法去解决问题，不断地将探索活动进行下去。

5. 关注活动中需要特殊照顾的幼儿。作为活动的参与者，保育师要关注所有幼儿，有针对性地给予幼儿帮助和引导，对个别有特殊需要的幼儿、体弱儿更需要细心照顾和帮助。

💡 小贴士：

区域活动中保育师如何做好观察记录？

① 叙事式

保育师对幼儿在区域活动时发生的一些典型行为或偶发事件以记叙的形式客观、真实地写下来。最好用第三人称记录，只描述事实，不对事实进行解释，更不能融入自己的主观猜测。

② 表格式

保育师根据预定的观察目标和内容，制定若干个观察指标，设计成固定的表格，观察时依据表格的要求逐一进行，并把观察到的行为表现一一记录到表格中。

③ 作品式

利用幼儿的作品来记录幼儿学习和发展特点。要求记录的作品是具有连贯性、周期性的，可以了解幼儿不同阶段、不同时期的学习情况，据此分析幼儿的发展路径和规律，从而更有针对性地指导幼儿学习。区域活动中幼儿的作品有美术作品、手工作品、艺术表演作品、建构作品等。

④ 现代信息技术式

利用现代信息技术手段，将幼儿的活动过程以图片、视频、语音等形式记录下来。

三、活动后的保育

1. 指导并协助幼儿一起做好活动后的收拾、整理工作。保育师尽量采取游戏的方式，指导幼儿一起分类整理游戏场地和游戏材料，摆放好玩具，帮助他们养成善始善终的良好习惯。定期对玩具进行清洗并在阳光下暴晒，保持玩具清洁。

2．组织幼儿有序盥洗、如厕、饮水等，必要时还应该组织幼儿洗脸。注意根据幼儿身体状况，帮助或提醒幼儿增减衣服。

3．协助教师组织幼儿对自己的活动进行回顾、分享，以及分享、学习他人经验的机会。可以通过个别交流、小组式分享、幼儿相互分享的形式交流（如图 4-3 所示）。此外，注意收集和保留幼儿真实的学习痕迹，协助幼儿进行分享，如活动照片、作品实物、作业单、观察记录等。

图 4-3　幼儿分享交流

评价反思

表 4-4　模拟幼儿园区域活动中的保育任务评价单

评价项目	评价要求	星级
活动前的准备	区域环境布置、调整	☆☆☆
	制作和投放游戏材料	☆☆☆
	排除与幼儿区域活动无关的人和物	☆☆☆
活动中的指导	区域环境的安全与卫生保持	☆☆☆
	幼儿区域活动的计划制订	☆☆☆
	协助幼儿参与区域活动和观察记录	☆☆☆
	关注幼儿需求并及时提供支持	☆☆☆
	关注特殊幼儿	☆☆☆

续表

评价项目	评价要求	星级
活动结束后的整理	活动后的材料收拾、整理、清洗	☆☆☆
	洗手、如厕等保育护理	☆☆☆
	幼儿回顾、分享参与度	☆☆☆
	活动效果反馈	☆☆☆

备注：优秀涂3颗星，良好涂2颗星，达标涂1颗星，未达标不涂星。

测一测

一、判断题（将答案写在括号内，正确的打"√"，错误的打"×"）

（　　）1．幼儿园区域活动中保育师是作为幼儿学习的支持者、帮助者、引导者。

（　　）2．幼儿园区域活动是当前幼儿园主要的活动形式之一，通过集体教学的模式进行。

（　　）3．规则是维持区域活动秩序的内化约束，制定规则后要让幼儿熟悉、遵守每个区域的规则，才能保证自主学习和合作学习的顺利开展。

（　　）4．一般来说，每个活动区的最佳容纳量是1～2人，不能过于拥挤。

（　　）5．幼儿在活动中遇到困难要放弃、幼儿之间发生争执、幼儿有求于保育师时，保育师要及时介入，适时、适宜提供支持。

二、单项选择题（从给出的选项中选出一个正确选项的字母填在括号内）

1．区域活动具有（　　）的特点。

  A．个别化学习　　　　　　B．自主性和可操作性

  C．趣味性和互动性　　　　D．以上都是

2．区域活动依据主题和活动方式的不同，具体可包括（　　）。

  A．角色区和阅读区　　　　B．美工区、建构区和体育运动区

  C．益智区、表演区和科学区　　D．以上都是

3．以下不属于幼儿区域活动前保育师准备的内容是（　　）。

  A．协助教师布置、调整安全、宽敞、互不干扰的区域环境

  B．协助教师制作和投放适宜的游戏材料

  C．协助幼儿制订区域活动的计划

  D．排除与幼儿活动无关的人和物

4．保育师在区域活动中给予幼儿指导时采用的比较适宜的方法为（　　）。

  A．救火式　　　　　　　　B．强制式

  C．放羊式　　　　　　　　D．建议式

5. 判断保育师介入指导时机是否适当的标准有（　　）。
　　A．是否尊重幼儿的游戏意愿　　B．是否帮助幼儿形成新的经验
　　C．幼儿是否予以积极响应　　　D．以上都是

4.3　幼儿园游戏活动中的保育

学习目标

1．知识目标：
（1）说出游戏活动的特点和保育师的配班规范操作要求。
（2）识记保育师在幼儿园游戏活动中辅助配合的内容、方法。
2．能力目标：
（1）能够根据需要配合教师开展游戏活动，保证游戏活动的顺利进行。
（2）能够根据幼儿的需要适当加入到游戏活动中，认真观察、记录，及时进行反馈，做好个别幼儿的指导和教育工作。
3．素质目标：贯彻"保教结合"原则，树立安全、服务意识，平等、关爱幼儿，具备幼儿为本的教育观及儿童观。

学习导语

游戏活动的保育工作是幼儿园一日生活中的重要组成部分。游戏作为幼儿的基本活动，越来越受到大家的重视，为了突出幼儿在游戏中的主体地位，让幼儿在游戏中学习和成长，保教老师要在幼儿园一日生活中敏锐地捕捉幼儿的兴趣和需要，注重利用室内和户外环境，为幼儿创设游戏区，投放各种各样的游戏材料，让幼儿自由结伴、自主选择材料、自发开展游戏活动，通过幼儿与材料和同伴的相互作用，分享游戏带来的快乐和学习彼此的经验，更好地提升幼儿的游戏水平。

引导案例

大一班的保育师赵老师正和孩子们一起玩着《三打白骨精》的语言游戏，她扮演白骨精幻化的老婆婆。白骨精的狡诈、孙悟空的聪明机灵、猪八戒的憨厚、唐僧的固执等不同的角

色特征都在小朋友们认真模仿的语调、语速变化中呈现出来。特别是保教老师和孩子们一起设计制作的面具，唐僧的禅杖，孙悟空的金箍棒，猪八戒的钉耙，沙僧的行李挑担、月牙铲、黑胡子、假发，小妖的刀、斧，老婆婆的篮子以及馒头，老公公的拐杖等道具的使用，再加上阴森恐怖、欢快有力的音乐的配合，所有的小朋友都沉浸在生动形象、惟妙惟肖的表演中。赵老师的心里也特别高兴，因为在这个游戏中，她积极参与了游戏材料的准备和活动的观察、实施与指导工作，在这个过程中，她不仅看到了幼儿的语言表达、模仿表演和辨别是非与善恶能力的提高，也观察到幼儿加深了对文学作品的理解，培养了对中国古典文学的兴趣。

你觉得赵老师在游戏活动中的保育工作称职吗？为什么？

学习探究

一、认知幼儿园游戏活动的特点

（一）幼儿园游戏活动的特点

游戏活动是幼儿园一日生活的主要组成部分。游戏活动与其他教学活动相比，具有趣味性、假想性、创造性、自愿自主性等特点。这些特点决定了幼儿园的游戏活动是一种轻松愉快的日常活动，幼儿可随自己的兴趣和能力水平选择玩法，通过自己的想象和模仿行为，开展创造性学习。幼儿园游戏一般分为创造性（自由）游戏和规则游戏。游戏活动中涉及作为游戏主体的幼儿、作为游戏观察与引导者的保教人员、游戏环境（时间与空间）、游戏材料等要素。

（二）游戏活动中保育师配班基本职责

幼儿园游戏活动中的保育工作，必须遵循幼儿游戏活动的规律，在幼儿自主自愿参与、自主创造的过程中进行。游戏活动中保育师配班规范操作要求见表4-5。

表4-5 游戏活动中保育师配班规范操作要求

序号	流程	规范
1	游戏活动前的准备	（1）协助创设游戏环境 （2）协助教师准备游戏材料 （3）协助观察幼儿的兴趣需要
2	游戏活动中的配合与协调	（1）时刻关注幼儿身体状况 （2）协助教师观察与指导幼儿游戏
3	游戏活动结束后的整理	（1）协助教师整理游戏材料与场地 （2）及时向教师反馈游戏情况 （3）有序组织幼儿盥洗、如厕、饮水等

二、探索保育师在幼儿园游戏活动中有效指导的方法

游戏活动的保育可分为游戏前、游戏中和游戏后三个活动阶段。保育师需要了解幼儿游戏发展规律，根据幼儿年龄特点和游戏活动内容进行游戏环境创设，在幼儿游戏过程中注意观察，帮助幼儿解决游戏中遇到的问题，保障幼儿的安全，支持幼儿通过游戏来学习与发展。

（一）游戏活动的常规性辅助工作

在游戏活动前，保育师要主动与主班教师沟通，了解如何安排游戏场地，需要哪些游戏材料。可按照教师的要求，组织指导幼儿利用废弃物自制活动材料（如图4-4所示）。活动前要检查活动材料是否完好无损，如有破损需及时更换。提前做好活动材料的清洁消毒工作。

图4-4　利用废弃物自制材料

（二）活动中的组织与配合

在游戏中保育师的作用主要是合作、支持，而不是说教。要避免过度"指导"、过度"放手"。要加强巡视，及时发现和制止幼儿在游戏中不安全的行为，协助教师维护好秩序。另外要及时关注肥胖儿、体弱儿等个别幼儿。

1. 自由游戏的指导方法。

在幼儿自由游戏过程中，幼儿根据自己的需要和兴趣来制订"玩"的计划，让他们可以控制自己的"学习"活动。保教老师的指导以间接指导为主，适当给予启发和指导。在具体的指导过程中，保育师应做到尊重幼儿游戏的自主性（如图4-5所示），认真观察幼儿的游戏，了解幼儿游戏的真实状况，合理参与幼儿的游戏，为幼儿顺利开展游戏提供支持，让幼儿通过自身的游戏活动，克服困难获得经验，促进幼儿主动性、独立性、创造性的发展。

2. 规则游戏的指导方法。

在幼儿规则游戏方面，教师与保育师要精心设计和选择游戏，注意激发幼儿对游戏的兴趣，并且让幼儿在游戏的过程中感受到愉悦（如图4-6所示）。

图 4-5　自由游戏的指导　　　　　　　　图 4-6　规则游戏的指导

（三）活动后的整理

在活动结束后，保育师及时收拾、整理场地，检查活动材料是否摆放整齐，是否有遗失或损坏。可配合教师引导幼儿回忆游戏过程，提出建议，激发幼儿再次游戏的欲望。有序地协助教师组织幼儿如厕、盥洗、喝水等。

组织实施

一、做好游戏活动前的准备

游戏活动前，了解活动目的和要求。做好游戏前材料、场地的准备，做好清洁和消毒工作。

1．保育师与教师进行充分沟通，共同制订游戏活动计划，为幼儿提供充足的游戏时间，安排合适的游戏场地，场地安排要安全、宽敞、互不干扰。创设良好的游戏活动环境，保证幼儿有足够的空间开展活动，避免出现碰撞等安全隐患，注意检查幼儿是否携带不安全的物品，加强安全教育。根据天气情况和游戏活动特点，预测幼儿需要增减、更换衣物的情况，提前做好活动准备。

2．根据幼儿年龄特点准备数量充足、种类丰富、结构合理的材料，必须做到人手一份并有余，以保证活动正常进行。

3．根据游戏内容和要求，保育师确定投放玩具和材料（如娃娃家游戏，要准备娃娃、餐具、家具等）的时机。有些材料需要一次性投放供幼儿自主选择，有些材料则需要根据游戏进程分次投放以免造成浪费和混乱。

二、做好游戏活动过程中的组织与配合

1. 加强巡视检查，消除安全隐患。

保育师要注意观察幼儿游戏情况和身体状况，及时制止危险或不卫生行为，如有磕碰或其他意外情况发生，要在第一时间采取恰当的处理措施保护幼儿的安全。

2. 根据游戏内容和特点做好观察和记录。

用扫描观察法、定点观察法、追踪观察法等观察方法，随时观察幼儿材料使用、游戏水平、游戏状态，适时调整游戏活动材料和幼儿的行为，并有目的地做好记录。游戏过程中，主要围绕幼儿和材料两方面进行观察。

（1）观察幼儿是否已经开始游戏，注意幼儿的面部表情和动作。

（2）倾听幼儿谈话，观察幼儿间的交往行为，针对不同年龄的幼儿进行有针对性的指导。

观察幼儿在游戏过程中如何选择材料、如何使用，以及材料的投放是否满足幼儿游戏活动的需要。

3. 根据幼儿年龄特点调整保育工作重点。

在游戏活动中，保育师要明晰游戏的性质、主要形式、幼儿游戏水平及其表现，然后注重培养幼儿的自我管理能力。对于小班，幼儿游戏处于独立游戏、平行游戏阶段，要特别留意幼儿对物品的使用，防止出现不正确使用物品的行为，引导幼儿自由取放玩具，养成物归原位的习惯；对于中班，幼儿游戏发展到了联合游戏阶段，要多关注幼儿间的交往情况，及时解决纠纷；对于大班，幼儿游戏更多的是合作游戏，需要重点观察幼儿运用已有经验进行创新及与同伴交往、解决矛盾等情况。

4. 尊重幼儿个体差异与个别幼儿的照顾。

游戏活动提倡幼儿开展自主活动。在游戏活动中必须保证游戏的自主性，切忌过多地管制和干扰。根据游戏的内容和活动设计，保育师可以担任游戏角色，做幼儿的伙伴。对于需要帮助的个别幼儿，包括体弱儿、患病儿、肥胖儿、动作发展超前或相对缓慢的幼儿等，尽量以游戏角色的身份介入，以保证游戏活动的效果。

小贴士：

游戏活动中保育师如何协助观察幼儿的兴趣需要？

① 从前一次的游戏中观察幼儿游戏兴趣。

幼儿的游戏具有重复性的特点，游戏情节往往具有连贯性，即在一段时间内，幼儿会反复表现出对某方面的兴趣。细心的保育师在观察幼儿前一次游戏的过程中，能够根据某一游戏活动参与人数的多少、游戏情节是否有新问题出现等判断幼儿的兴趣点。保育师协助教师根据幼儿的这些兴趣点增设新的游戏主题、投放新的游戏材料或调整已有材料，可以促进幼儿游戏水平的提升。

② 从一日生活中敏锐捕捉幼儿兴趣需要。

在幼儿园一日生活的各个环节，幼儿总会有意无意地通过语言、表情、动作等表现出自己的兴趣和需要，善于观察的保育师就会敏锐地捕捉到其兴趣、需要的聚焦点，并设置相应的游戏环境，支持幼儿将这些兴趣点转化为游戏中的行为。

三、活动后的整理与反馈

1．采用游戏的方式，或者运用适当的语言、动作引导幼儿愉快地结束游戏，以保持幼儿对游戏活动的兴趣。提醒幼儿收拾整理材料，告知幼儿收拾玩具要注意的问题和应遵守的规则，养成幼儿整理玩具、爱护生活环境的好习惯。

2．根据具体情况，与教师有效分工，负责对不同的区域、不同的幼儿进行指导和帮助，以保证快速、有序地完成整理工作。及时清点玩具，检查玩具是否摆放整齐，以及玩具的登记遗失或损坏情况。根据实际情况，选择擦拭、水洗、曝晒等方式，做好玩具的卫生清洁工作。

3．协助教师将临时构建的游戏区的桌椅等物品恢复原状。

4．配合教师引导幼儿回忆游戏过程，给幼儿更多的机会表达、分享游戏中的想法以及遇到的问题，多鼓励幼儿自己想办法解决游戏中出现的问题。

5．组织幼儿有序洗手、如厕、饮水，必要时还要组织幼儿洗脸。注意幼儿的身体情况，提醒幼儿擦汗、增减或更换衣物。

6．及时向教师反馈自己在幼儿游戏过程中观察到的情况，为教师组织后续的游戏活动提供重要参考。

💡 评价反思

表 4-6　模拟幼儿园游戏活动中的保育任务评价单

评价项目	评价要求	星级
活动前的准备	游戏环境创设	☆☆☆
	游戏材料准备	☆☆☆
	安全隐患排查	☆☆☆
活动中的指导	关注幼儿需求，参与游戏活动和提供支持	☆☆☆
	观察记录	☆☆☆
	关注特殊幼儿	☆☆☆
	安全隐患消除	☆☆☆

续表

评价项目	评价要求	星级
活动结束后的整理	材料收拾、整理、清洗	☆☆☆
	场地复原	☆☆☆
	盥洗、如厕、饮水等保育护理	☆☆☆
	幼儿回顾、分享参与度	☆☆☆
	活动效果反馈	☆☆☆

备注：优秀涂3颗星，良好涂2颗星，达标涂1颗星，未达标不涂星。

测一测

一、判断题（将答案写在括号内，正确的打"√"，错误的打"×"）

（　　）1．游戏活动是幼儿园一日生活的主要组成部分。

（　　）2．游戏活动中保育师只需要时刻关注幼儿身体状况，观察与指导幼儿游戏是老师的事情。

（　　）3．游戏前保育师可按照教师的要求，组织指导幼儿利用废弃物自制活动材料。

（　　）4．幼儿游戏过程中保育师要加强巡视，及时发现和制止幼儿在游戏中不安全的行为，协助教师维护好秩序。

（　　）5．保教老师在自由游戏过程中的指导方法以直接指导为主。

二、单项选择题（从给出的选项中选出一个正确选项的字母填在括号内）

1．游戏活动中作为游戏主体的是（　　）。
　　A．保教人员　　　　　　B．幼儿
　　C．游戏环境　　　　　　D．游戏材料

2．游戏活动与其他教学活动相比具有（　　）特点。
　　A．趣味性和假想性　　　B．创造性
　　C．自愿自主性等　　　　D．以上都是

3．在游戏中保育师的作用主要是（　　）。
　　A．设计者　　　　　　　B．指导者
　　C．旁观者　　　　　　　D．合作、支持者

4．根据幼儿年龄特点准备的材料要具有（　　）的特点。
　　A．数量充足　　　　　　B．种类丰富
　　C．结构合理　　　　　　D．以上都是

5. 在游戏活动中保育师要个别照顾的幼儿包括（　　）。
   A. 体弱儿和患病儿
   B. 肥胖儿
   C. 动作发展超前或相对缓慢的幼儿
   D. 以上都是

4.4　幼儿户外体育活动中的保育

学习目标

1. 知识目标：
（1）说出户外体育活动的特点和保育师的配班规范操作要求。
（2）识记保育师在幼儿园户外体育活动中辅助配合的内容、方法。
2. 能力目标：
（1）能够根据需要配合教师开展户外体育活动，保证活动的顺利进行。
（2）能够根据天气情况及幼儿的活动量为幼儿及时增减衣服。
3. 素质目标：贯彻"保教结合"原则，树立安全、服务意识，平等对待幼儿、关爱幼儿，具备幼儿为本的教育观及儿童观。

学习导语

户外活动是幼儿一日活动中的重要组成部分，具体分为集体或小组的体育游戏、自由活动、远足、春秋游、参观等多种形式和内容。日托幼儿要求每日户外活动时间不少于 2 小时，全托幼儿不少于 3 小时。户外体育活动是指在幼儿园建筑物以外的露天场所，由保教老师组织、幼儿自由进行的体育锻炼活动。活动中幼儿可以尽情嬉戏、奔跑，享受阳光和清新的空气，在活动中锻炼意志、提高体能，促进幼儿人际交往能力的提升，高质量的户外体育活动对于幼儿的身心健康发展有重要的促进作用。

引导案例

拍篮球活动是幼儿园大班孩子们特别喜欢的户外活动。活动结束后，保育师张老师一边协助主班老师让幼儿排队回班,一边让今天值日的雷雷小朋友把 6 个篮球放到 1 个网袋子里面,和自己一起把今天用的篮球拿回器械室。由于球袋的体积较大,搬运不便,雷雷上楼梯时不小心摔倒,张老师连忙问:"雷雷,疼不疼,要不要去保健室?"雷雷说:"没事没事,我是最勇敢的小男子汉,不怕疼。"张老师听他这么一说也就没在意,一边表扬他,一边把篮球送到器械室放好。

午睡后雷雷忽然大声哭起来,张老师走到他的身边,才发现雷雷的左手已经肿得像个包子,张老师赶忙带着雷雷去保健室,保健老师看到情况比较严重,赶紧带着雷雷去医院治疗。

你觉得张老师在户外体育活动中的保育工作称职吗?为什么?

学习探究

一、认知幼儿户外体育活动的特点

(一)幼儿园幼儿户外体育活动的特点

《幼儿园教育指导纲要(试行)》中"指导要点"第四点明确指出,"培养幼儿对体育活动的兴趣是幼儿园体育的重要目标,要根据幼儿的特点组织生动有趣、形式多样的体育活动,吸引幼儿主动参与。"幼儿园户外体育活动作为幼儿园体育活动的一种基本组织形式,具有活动形式多样、活动内容丰富等特点,可以充分调动幼儿参加体育活动的积极性和主动性,有效提高幼儿身体素质,开发幼儿身体素质潜能。

(二)户外体育活动中保育师配班的基本职责

幼儿园户外体育活动是老师和幼儿都喜欢的活动形式,但是户外体育活动也存在着危险,容易引发安全事故。保教老师要根据本班幼儿的年龄特点,因地制宜地组织幼儿开展丰富多样的体育锻炼,做好幼儿运动前、运动中和运动后的保育工作,全面观察幼儿运动过程中的状况和表现,做好安全保护工作,增强幼儿心理上的安全感。户外体育活动中保育师老师配班规范操作要求见表 4-7。

表 4-7 户外体育活动中保育师配班规范操作要求

序号	流程	规范
1	户外体育活动前的准备	(1)协商准备小组户外体育活动的内容 (2)检查活动场地安全隐患 (3)检查活动器械、玩具 (4)检查幼儿人数、着装和异物 (5)提醒幼儿如厕、喝水,做好教室开窗通风 (6)协助引导组织幼儿到达锻炼场地 (7)协助带领幼儿进行热身运动

续表

序号	流程	规范
2	户外体育活动的配合与协调	（1）时刻关注幼儿身体状况，特别是特殊幼儿 （2）协助教师或独立组织小组的体育游戏，观察与指导幼儿 （3）根据观察幼儿的运动量进行幼儿运动量和节奏调整 （4）协助教师进行运动中的安全保护
3	户外体育活动结束后的整理	（1）协助教师组织放松运动 （2）协助把活动材料归位、场地复原 （3）清点人数，协助组织幼儿有序排队带回教室 （4）及时调整运动后的着装 （5）有序组织幼儿盥洗、饮水、如厕等

二、探索保育师在幼儿园户外体育活动中有效指导的方法

幼儿园户外体育活动的保育可从活动前、活动中和活动后三个活动阶段有序开展。保育师要协助教师完成活动场地的安全排查，准备、摆放好活动需要的材料。按照教师的安排进行分工及站位，协助教师维持活动秩序，观察、关注幼儿的活动量，有针对性地给予幼儿帮助和教育。活动结束后收拾整理场地，组织幼儿回到室内。

（一）户外体育活动前配合教师做好充分的安全检查和准备

保育师在户外体育活动前与教师商量小组体育活动的内容是什么，需要准备的材料有哪些；提前熟悉活动的规则及材料的使用方法；提前检查活动场地，看有无碎石、玻璃、树枝等危险物品，地板是否翘起，地面有无积水；检查场地所有活动材料与器械的安全性，看是否有尖锐的棱角或螺丝松动等现象，看器械连接处是否牢固，如发现危险，应及时报告有关人员进行维修。除此之外，还要注意器械的清洁卫生，每天擦洗，定期消毒。

保育师应配合教师清点幼儿人数，避免活动中幼儿被遗漏或走失；检查幼儿着装、鞋子是否妨碍幼儿在锻炼中做动作；检查衣服上有没有链子或者圆环等金属的、硬质的饰物，鞋带或粘扣是否系牢，幼儿的手、口、衣兜有无夹带小型珠串、纽扣、小树枝、塑料粒等物品，这些都是安全隐患，可能会刮伤、绊倒幼儿，容易误吞误食或在运动过程中伤到自己和别人，发生安全事故；要结合发现的问题对幼儿进行安全教育，增强幼儿的自我保护意识。

组织幼儿如厕、喝水后，协助教师组织幼儿有序到达锻炼场地，进行轻松、愉快、活动量较小的热身运动，帮助幼儿拉伸筋骨。

（二）户外体育活动中配合教师做好幼儿观察和教育指导

1. 注意活动安全，培养安全意识。

安全是幼儿发展和提高的基础，保育师要全身心地参与、观察、照顾幼儿。随时配合教师做好活动时的安全保护，培养幼儿的安全意识。比如，教育幼儿不要在运动中推撞以免造

成意外伤害；从高处跳下时要注意屈膝前倾；跑步时不要将手放在口袋里，以免跌倒时无法进行自我保护等。

2．观察活动情况，及时进行调整。

活动中保育师要通过"一察、二摸、三问"等方式随时了解幼儿的活动情况，对照幼儿运动量适宜程度观察表（见表4-8）及时调整幼儿的活动量和节奏，鼓励幼儿动静交替活动，避免运动过度。同时注意对幼儿进行教育，使其学会调节运动量，培养其科学运动的习惯。

表4-8 幼儿运动量适宜程度观察表

观察内容		程度表现		
		适度疲劳	中度疲劳	非常疲劳
运动中	面色	稍红	相当红	十分红或者苍白
	汗量	不多	较多	大量出汗（特别是躯干部分），颈部和衬衣上出现白色盐迹
	呼吸	中速较快	显著加快、加深	急促、表浅、节律紊乱
	动作	动作准确，步态轻稳	摇摆不定	动作失调，步态不稳，用力颤抖，反应迟钝
	注意力	集中	集中，但不稳定	分散，已经转移
	精神	愉快	略有倦意	精神疲乏
运动后	食欲	饮食良好，食欲增加	食欲一般，有时略有减低	食欲不振，进食量减少，甚至有恶心呕吐现象
	睡眠	入睡较快，睡眠良好	入睡较慢，睡眠一般	很难入睡，睡眠不安
	精神	精神好，情绪好，注意力稳定	精神略有不振，情绪一般	精神恍惚，心悸，厌倦练习

（1）"一察"是指在活动中，保育师要注意观察幼儿的脸色、呼吸、表情、出汗状况和动作的协调性等来了解其活动量的大小。

（2）"二摸"是指保育师在活动中要经常摸摸幼儿的额头、脖子、后背，或者把脉测量幼儿的心率。常用的方法是数15s的脉搏乘以4，就是1min的心率。一般情况下，安静时幼儿的心率为80~120次/min，当幼儿运动时平均心率为130~160次/min时，表明其活动量比较合适。当幼儿身体较热、出汗较多和心率过速时提醒其在活动中脱衣。

（3）"三问"是指保育师在观察、抚摸的基础上还要随时问问幼儿有无不适感，并根据幼儿的回答及其身体的实际情况对幼儿活动量进行调整，给予其身体上的照顾。

3．分组情况下，需要独立组织小组的体育活动。

一般情况下，保育师不单独组织幼儿的体育活动，但在分组体育活动中可以承担一部分指导工作。比如，指导幼儿跳绳、拍皮球（如图4-7所示），与个别幼儿互动等。保育师要经常清点小组幼儿人数，保证本小组幼儿在自己的视线范围内。

图4-7　分组体育活动中的指导

4．关注幼儿需求和个体差异，保证活动质量。

活动中要带有如厕、饮水需求的幼儿去厕所、喝水，指导和帮助出汗或流鼻涕的幼儿用纸巾擦汗、擦鼻涕等。整个户外体育活动中，保育师还要掌握灵活机动的原则，关注幼儿间的个别差异，对健康状况、运动能力不同的幼儿要视其具体情况调整、控制活动量，做到动静交替、循序渐进，使幼儿在其原有的水平上得到发展。应尽量把体弱儿安排在自己身边，及时帮助体弱儿擦汗、增减衣物，体弱儿要适当减少每次活动的时间，加大间隔休息时间；观察肥胖儿的活动量是否达到要求，适时适度地帮助他们完成锻炼动作，增强他们的信心；观察多动症幼儿和自闭症幼儿是否正常参与活动；身体不舒服或者生病的幼儿可以相对减少活动量。

三、在户外体育活动后配合教师做好幼儿放松和生活活动衔接。

1．配合教师带领幼儿做3～5min的放松运动，让幼儿有个缓冲的时间，调整幼儿的情绪以及身体机能。

2．协助完成场地复原、材料器械整理和交回工作。

3．协助组织幼儿有序返回教室。

4．提醒幼儿及时有序洗手、饮水、如厕，更换湿衣服。

组织实施

一、做好户外体育活动前的准备

1．户外体育活动前提前熟悉活动的规则及器械、材料的使用方法，知道自己的站位和意外伤害应对策略，在遇到突发事件时能够迅速正确处理和保护幼儿。

2．协助教师做好场地准备，活动前检查活动场地、器械、玩具是否安全、卫生，数量是否充足，是否有危险物品，如发现危险，应及时报告有关人员进行维修。

3．提醒幼儿如厕、喝水，检查幼儿服装、鞋帽是否安全、便于活动，对特殊体质的幼儿要做好防护。

4．协助组织幼儿有序、安全到达户外体育运动场地，完成热身活动。

二、做好户外体育活动过程中的组织与配合

1．做好安全提示和安全保护。

保育师要随时观察幼儿活动中的安全情况，及时纠正、制止幼儿的不安全操作行为。比如，幼儿持械进行活动时，要调整好幼儿之间的距离，对于一些有挑战性的体育活动要给幼儿提供必要的保护等，以消除安全隐患。

2．协助教师组织活动，及时进行活动量调整。

活动中关注幼儿身体状况，注意通过观察幼儿面色、情绪状况、活动量等，多角度了解幼儿身体状态，根据幼儿身体情况和不同年龄段幼儿运动的特点，与教师配合对活动量进行调整，保证幼儿运动量科学合理，防止幼儿过度劳累。

3．关注特殊儿童，对其进行跟踪观察和指导。

观察并照顾好身体不适或不能参加活动的幼儿，做好体弱、肥胖幼儿活动中的观察护理、个别指导，在活动中有目的地针对他们的体能状况开展多种有趣味的运动项目，指导时以鼓励为主，适时适度地帮助他们完成锻炼动作，让幼儿获得更多成功的体验，增强他们的信心，使幼儿今后更积极、主动地参加户外体育活动。

小贴士：

户外体育活动时，保育师如何及时为幼儿增减衣服？

① 及时掌握每日天气情况，培养中大班幼儿自己增减衣服的习惯。

保育师要养成每天看天气预报的习惯，及时了解天气的变化，关注温度的变化、室内外温差以及是否下雨、刮风等，为照顾好幼儿的生活做好准备。引导中大班幼儿关注天气、气温的变化，并逐渐做到自主地根据气温变化和自己的感受增减衣服。

② 不同季节给幼儿增减衣服的方法。

了解每个幼儿的衣着特点和穿衣习惯，提醒家长为幼儿准备舒适方便的衣服，尽量不要穿系鞋带的鞋子。冬季室内外温差较大的时候，注意及时增减衣服。遇到轻微风沙天气时要给幼儿戴口罩，雾霾天气尽量减少外出。

③ 根据不同活动量为幼儿增减衣服。

保育师要熟悉幼儿园户外体育活动的内容，及时了解每个幼儿的实际活动量，并能根据天气情况和幼儿的活动量为其增减衣服。

三、活动后的整理

1. 协助教师组织幼儿进行放松运动，调整幼儿的情绪。
2. 清理活动场地，指导幼儿整理活动材料器械，保证场地整洁，材料器械归位。
3. 协助组织幼儿有序返回教室，提醒幼儿及时、有序洗手、饮水、如厕。

评价反思

表 4-9　模拟幼儿园户外体育活动中的保育任务评价单

评价项目	评价要求	星级
活动前的准备	活动场地安全隐患排查	☆☆☆
	活动器械、玩具准备	☆☆☆
	幼儿人数、着装和异物排查	☆☆☆
	提醒幼儿如厕、喝水等	☆☆☆
	组织幼儿到达锻炼场地，进行热身运动	☆☆☆
活动中的指导	关注幼儿身体状况	☆☆☆
	观察与指导幼儿	☆☆☆
	进行幼儿运动量和节奏调整	☆☆☆
	运动中的安全保护	☆☆☆
活动结束后的整理	组织放松运动	☆☆☆
	场地复原、材料归位	☆☆☆
	有序排队带回教室	☆☆☆
	盥洗、如厕、饮水等保育护理	☆☆☆
	活动效果反馈	☆☆☆

备注：优秀涂 3 颗星，良好涂 2 颗星，达标涂 1 颗星，未达标不涂星。

测一测

一、判断题（将答案写在括号内，正确的打"√"，错误的打"×"）

（　　）1．日托幼儿要求一日组织户外活动时间不少于 3h。

（　　）2．高质量的户外体育活动对于幼儿的身心健康发展有重要的促进作用。

（　　）3．户外体育活动处处存在着危险，容易引发安全事故。

（　　）4．保育师应配合教师清点幼儿人数，避免活动中幼儿遗漏或走失。

（　　）5．整个户外体育活动中，保育师还要掌握灵活机动的原则。

二、单项选择题（从给出的选项中选出一个正确选项的字母填在括号内）

1．幼儿园户外体育活动具有（　　）等特点。
　　A．假想性
　　B．创造性
　　C．活动形式单一、活动内容简单
　　D．活动形式多样、活动内容丰富

2．活动前保育师应检查幼儿存在的安全隐患，包括（　　）。
　　A．衣服上有没有链子或者圆环等金属的、硬质的饰物
　　B．鞋带或粘扣是否系牢
　　C．手、口、衣兜有无夹带小型珠串、纽扣等物品
　　D．以上都是

3．户外体育活动中保育师要通过（　　）等方式随时了解幼儿的活动情况，及时调整幼儿的活动量和节奏。
　　A．察　　　　　　　　　　B．摸
　　C．问　　　　　　　　　　D．以上都是

4．一般情况下，当幼儿运动时平均心率为（　　）次/min，表明其活动量比较合适。
　　A．60～100　　　　　　　　B．80～120
　　C．130～160　　　　　　　D．150～180

5．在户外体育活动后保育师要配合教师做好（　　）min 的放松运动。
　　A．1～2　　　　　　　　　B．3～5
　　C．5～7　　　　　　　　　D．7～10

4.5　协助幼儿环境创设

学习目标

1．知识目标：
（1）说出幼儿园环境的特点和保育师的配班规范操作要求。

（2）说出幼儿园物质保育环境和精神保育环境的重要性。

（3）识记保育师在幼儿园物质保育环境创设的原则、要求和基本方法。

（4）识记保育师在幼儿园精神保育环境创设的方法。

2．能力目标：

（1）能够根据需要配合教师完成班级物质保育环境的创设。

（2）能够根据需要配合教师完成班级精神保育环境的创设。

3．素质目标：树立幼儿为本的教育观及儿童观，贯彻"保教结合"原则，树立变废为宝的意识，懂得幼儿园环境对幼儿潜移默化的作用，规范自己的言行举止，不断提高自身的职业道德素养。

学习导语

《幼儿园教育指导纲要（试行）》第三部分"组织与实施"中第八条明确指出，"环境是重要的教育资源，应通过环境的创设和利用，有效地促进幼儿的发展"。幼儿园环境是指幼儿园内部能够满足幼儿身心发展所必须具备的一切物质条件和精神条件的总和。物质环境主要包括教学设施、生活设施等有形的物质，精神环境主要包括文化环境和心理环境，其中集体氛围、活动气氛、师风园风等可归于文化环境，师生关系、教师的教风和人格特征可归为心理环境。

幼儿园环境是一种特殊的环境，既是教育环境，也是幼儿身心成长的环境。幼儿园环境创设，主要是指教育者根据幼儿园教育的要求和幼儿身心发展的规律、需要，充分挖掘和利用幼儿生活环境中的教育因素，并创设幼儿与环境积极作用的活动场景，把环境因素转化为教育因素，促进幼儿身心主动发展的过程。保育师老师在幼儿的发展中扮演着照顾者、教育者等多种角色，因此，辅助教师为幼儿创设安全卫生、自由和谐、温馨舒适的物质和精神环境是保育师重要的工作内容之一。

引导案例

中三班的班级环境创设一直都是每学年幼儿园班级环境创设评比的冠军，无论是老师还是家长、小朋友，走到中三班时，都会被班级充满创意、手工精美、互动性强的环境布置所吸引，不自觉地停下来欣赏。室内外的每一块墙壁、每一个角落都仿佛在说话，废旧的纸箱、泡沫、冰棍木片等，经过保教老师和孩子们的巧手，都变成了各种造型独特、色彩亮丽和富有童趣的工艺品，各区域的物品被精心归类摆放，显得极有层次感。引导幼儿卫生行为习惯的教育图片直观形象，让幼儿与环境"对话"，去观察、去感受、去检查自己。谈到获胜的经验，中三班的王老师自豪地说："因为我们团队的老师特别团结，大家集思广益，群策群力，特别是我们班年轻的保育师赵老师，头脑特别灵活，有创意、手又巧，在班级环境创设中出力最多。"

你觉得作为保育师，需要像赵老师那样，投入很大精力配合老师、引导幼儿们一起创设班级环境，让幼儿的在园活动更加丰富多彩吗？为什么？

学习探究

一、认知保育师在幼儿园环境创设中的职责

（一）幼儿园环境的特点

《幼儿园工作规程》明确指出，要"创设与教育相适应的良好环境，为幼儿提供活动和表现能力的机会与条件"，促进每个幼儿得到不同的发展。这是幼儿教育的基本任务之一。幼儿园环境创设的目的，是利用环境对幼儿进行生动、直观、形象和综合的教育，通过让幼儿参与和利用环境，对幼儿进行全方位的信息刺激，激发幼儿内在的积极性，让幼儿直接得到情感的体验和知识的启迪，从而促进幼儿的全面发展。

作为专门的幼儿教育机构，幼儿园环境有别于家庭环境，也不同于学校环境。幼儿教育的特殊性决定了幼儿园环境必须以幼儿身心和谐发展为出发点和归宿。环境创设必须以幼儿为本，并能够使幼儿参与其中，产生环境互动效应，发挥潜移默化的作用，从而使幼儿获得健康、快乐的发展。结合幼儿园的任务、保育和教育的目标，以及幼儿发展与环境的关系，幼儿园环境的特点有以下几点：

1. 安全性与儿童性。

幼儿园是幼儿生活、游戏和学习的场所，安全性是幼儿园环境的核心特征，先有符合幼儿年龄特征的安全环境，才有幼儿身体正常发育、机能协调发展和全面发展的教育。

儿童性是指环境创设和材料提供都要符合幼儿的身心特点，能被幼儿喜欢和接受，能够吸引幼儿的注意，从而激发其探究和学习的欲望。

2. 游戏性与生活性。

游戏符合幼儿的年龄特征，能够满足幼儿的各种身心需求，是幼儿的基本生活活动形式，也是基本学习方式，游戏性是幼儿园环境最突出的特点。丰富的游戏内容可以释放幼儿的天性，为幼儿提供感受生活、体验快乐的各种机会，让幼儿更好地感受、适应生活。幼儿在感受、适应生活的同时，又进一步发展了游戏、增长了智慧、丰富了经验。

生活性主要体现在要充分挖掘幼儿生活中的所见所闻、所想所感，解决生活中最迫切、最需要的问题，将大自然中的有益元素有机融入教育环境中，激发幼儿热爱生活的情感，提高生活能力。对幼儿来讲，一些基本的生活态度和能力，如卫生习惯、生活自理能力、交往能力等都需要学习，但是这样广泛的学习内容只能在日常生活和交往中获得。因此，保育师应该为幼儿创设具有浓厚的生活化特征的课程，内容来自幼儿的生活，课程实施贯穿幼儿的

每日生活。

3. 教育性与潜移默化性。

环境是重要的教育资源，只有充分体现幼儿年龄特点，符合幼儿园教育目的和要求，促进幼儿和谐发展的环境，才是科学适宜的环境。幼儿园教育环境中的材料、内容应该是随着幼儿的成长进步不断发展变化的，这种变化一方面体现在物质环境的调整和完善，另一方面体现在幼儿园良好的人际环境和精神氛围的营造，为幼儿树立学习与效仿的榜样，使幼儿在潜移默化中接受环境的熏陶，让幼儿积极主动地向着幼儿园教育目标所指引的方向发展。

4. 互动性与开放性。

环境成为教育资源的过程应该是师幼互动的过程。教育环境中保教老师、幼儿、环境、材料等因素相互结合、相互作用、相辅相成。良好的互动既不能完全依赖幼儿的无序随性，也不能依赖保教老师的控制。在幼儿园，教师的主要活动是结合教育目标与幼儿需求收集、整理并提供教育资源，引导幼儿探讨和交流，对幼儿的活动过程、结果进行分析、评估和指导。幼儿参与活动主要体现在协助教师收集相关资料，愿意操作、运用环境中的各种资源，能够及时关注环境的变化并维护新环境，能够按照教师的要求完成互动任务，遵守并维持活动规则，用自己喜欢的方式展示与表现等，比如，选择区域或小组、确定合作伙伴、收集资料、记录结果或他人意见等。

通常在一段时间内，随着幼儿与环境持续地互动，幼儿对环境的探索也越充分、越全面，同时也意味着幼儿的活动兴趣将逐步减退，需要教师为已有环境注入新内容、投放新材料，再次唤醒幼儿的兴趣，以深化探究活动。教师在这一过程中，要给予幼儿参与的权利，倾听他们的声音和需求，并让他们充分表达自己的想法与意愿，提出自己的建议。师幼之间应保持民主平等、协商共创、多向互动的关系。

5. 广泛性与持久性。

幼儿虽年幼，但已显现出各自的特点和认知风格。幼儿在各自的先天与后天条件下形成的知识经验和能力上的差异，使得幼儿在学习动机与兴趣、学习方式、学习能力与学习效果等方面表现迥异，再加上幼儿心理活动的无意性、情绪化等因素的影响，使得每个幼儿在同样的活动中会呈现出不同的效果。

幼儿的年龄特点和身心发展需要决定了幼儿园保育目标和内容的广泛性，为了适应幼儿的特点和幼儿未来发展的需要，幼儿园保育工作应采用不同于其他教育阶段的内容、形式、方法和手段，表现为内容的广泛性与非学术性，教育形式上的非正式性，教育方法和手段上的多样性等。

幼儿进入幼儿园面临着重要挑战，包括克服矛盾心理，减少对父母或其他抚养人的依赖，适应与亲人的分离等。如果幼儿适应幼儿园的新环境，他们的自信心就会增强。而对少数幼儿来说，入园也为他们提供了一个宝贵的机会，让他们通过设法解决以前的难题而逐步重建对他人的信任感，这种教育从幼儿入园起一直持续到升入小学。

（二）游戏活动中保育师配班的基本职责

幼儿园的环境创设包括物质环境和精神环境的创设，是一项复杂的系统工程，对于幼儿来说更是作为一种"隐性课程"，在开发幼儿智力、促进幼儿个性发展等方面具有不可低估的教育作用。教师是环境创设的总策划师，保育师主要是配合教师完成预设任务。在幼儿园环境创设中保育师配班的规范操作要求见表4-10。

表4-10 协助环境创设工作中保育师配班的规范操作要求

序号	流程	规范
1	创设前的准备	（1）与教师一起认真研究教育计划，根据计划要求和幼儿的实际情况确定创设思路和方案 （2）准备安全环保的创设材料和工具
2	创设中的配合与协调	（1）规范使用工具进行操作 （2）提供机会，让幼儿成为环境创设的参与者和创造者 （3）因地制宜，注意使用材料及制作装饰手段上的多样化 （4）符合审美的原则，让幼儿受到美的熏陶
3	结束后的整理	（1）与幼儿一起清理场地 （2）剩余物品归类，工具交回 （3）组织幼儿洗手、如厕、饮水 （4）巡视维护环境，发现问题及时解决

二、探索幼儿园物质保育环境创设

（一）幼儿园物质保育环境的重要性

幼儿园物质保育环境是指幼儿园影响幼儿身心发展的物化形态的教育条件。幼儿园物质保育环境构成的基本要素是园所建筑、生活设施设备、活动场地、玩具、图书、声像资料、环境布置、空间布置及绿化等有形的东西，具有约束性、启迪性、均衡性、弥补性的特点。从范围来看，可分为园区环境、教室环境和区角环境。保育师辅助教师创设的重点在教室环境和区角环境（如图4-8、图4-9所示）。

物质保育环境是幼儿园教育教学、游戏活动开展的基本保障。良好的环境会促进幼儿的积极互动，帮助幼儿在实践中习得生活经验，提高生活技能，养成良好的生活和行为习惯，能为以后的学习生活打下基础。因此，物质保育环境创设的效果会直接影响幼儿的身心发展、社会性发展及个性发展。

（二）幼儿园物质保育环境创设的原则和要求

环境的整体美观、洁净、卫生等应成为幼儿园物质保育环境创设的先决条件。只有在兼顾了疾病预防、卫生消毒、安全防护的基础上，提供为开发幼儿智力发展所需的房屋设施、墙面装饰布置等，才能确保幼儿园真正成为儿童乐园。

图 4-8　教室环境布置

图 4-9　区角环境布置

1. 安全性原则。

安全性是幼儿园物质保育环境创设的前提条件，是幼儿园环境创设中最基本的原则。幼儿园活动场地以及幼儿所需的设施设备、玩教具材料要符合安全标准。保育师老师要时时处处把安全放在首位。各项活动开展前，都应做好一定的安全防护。例如，活动室内桌椅不能有尖角；电源开关、插头应安装在幼儿够不着或不容易接触的地方并且要加上防护罩等。

2. 教育性原则。

环境作为重要的"隐性课程"，对幼儿的身心发展起着非常重要的教育作用。因此，幼儿园在进行环境创设时，除了关注环境的装饰美，更要关注环境的教育作用。幼儿园可以根据幼儿教育的任务和内容来设计，将环境创设与幼儿生活目标和课程实施有机结合，有利于幼儿生活目标的实现、生活技能的提高和良好行为习惯的培养，促进幼儿的全面发展。

3．适宜性原则。

保育师在进行环境创设时应该充分考虑幼儿的特点，体现童趣性。采用夸张、拟人等方式，易于幼儿理解和接受。

4．互动性原则。

陈鹤琴先生说过，"环境的布置要通过儿童的大脑和双手，通过儿童的思想和双手所布置的环境可使他们对环境中的事物更加熟悉，也更加爱护"。幼儿园物质保育环境创设的目的是引发和支持幼儿与周围环境的积极作用，因此，保育师老师要认识到幼儿园物质保育环境的教育性不仅蕴含于环境之中，而且蕴含于环境创设的过程中，要注重发挥幼儿的主体作用，重视幼儿的参与，提倡环境教育过程化。

5．经济性原则。

幼儿园物质保育环境创设要根据不同地区、不同条件的实际情况，做到因地制宜、因陋就简，尽力做到少花钱、多办事。

（三）幼儿园物质保育环境创设的方法

1．教育性与趣味性相结合。

爱因斯坦说过，"兴趣是最好的老师"。幼儿有了兴趣，就有了跃跃欲试的学习热情，就会主动思考问题和自觉行动，就会付出更大的努力，调动所有的感官去完成任务。幼儿园物质保育环境的创设不应是单方面的，而应该是多功能和多用途的，对幼儿起到潜移默化的影响。同时提供的材料应是幼儿感兴趣的，对幼儿有吸引力的，而促使他们乐于动手，敢于实践。因此，幼儿园物质保育环境创设的整合是必不可少的。

幼儿园物质保育环境创设的教育性和趣味性应该体现在幼儿保育活动的每个环节，渗透幼儿一日生活所能接触的地方，并寻找寓教于乐的方法和途径。例如，对于洗手这件幼儿每天都会做很多次的事，保育师可以让幼儿边洗手边诵读《洗手歌》以增加趣味性和教育性，这是他们自己从生活经验中感受到的知识，顺应了幼儿自身发展的需要，会让其终身受益。

2．可操作性与创造性相结合。

幼儿园在物质保育环境创设上要注重幼儿动手操作能力及其创造性的发展，要能吸引幼儿，促使他们自己观察，满足他们的好奇心和求知欲，可操作性和创造性的结合能达到锻炼幼儿的效果。

3．充分利用时间。

幼儿园物质保育环境的创设要充分利用幼儿的时间，应该每时每刻都能对幼儿起到引领和教育作用。例如，小班排队洗手、如厕、喝水等环节，需要让幼儿学会等待，而在等待的过程中保育师尽量不浪费他们的时间，可在幼儿等待的地方放小椅子，让幼儿知道现在需要等待；同时在墙上贴一些小动物，让幼儿感到自己是和小动物一起等待，这样他们不会觉得孤单；在中大班可以贴一些知识性的图画，让他们在等待的同时看看图画，学习相关知识等。

总之，幼儿园物质保育环境的创设就要尽可能不浪费幼儿每一分钟。

4．重视幼儿参与。

幼儿园物质保育环境的创设，应该以幼儿为中心，尊重幼儿在环境创设中的参与权。不是保育师全部做完、做好就行，而应是幼儿与保育师共同参与合作。让幼儿通过动手动脑，在亲自参与环境布置的过程中不仅获得了新的知识、经验，又得到了能力上的提升（如图4-10所示）。此外，幼儿对自己布置的环境，也有一种特殊的亲切感，会激发他们更充分地与环境互相作用。

图4-10　幼儿参与保育物质环境布置

三、探索幼儿园精神保育环境创设

（一）幼儿园精神保育环境的重要性

幼儿园环境创设包括物质环境和精神环境两方面。然而在实际工作中，普遍存在着重物质环境轻精神环境的现象。物质环境固然重要，如果幼儿园及活动室里四壁空空，游戏材料匮乏，幼儿来到幼儿园无所事事，就会产生强烈的厌园情绪。幼儿园在加强物质环境创设的同时，也应该强调精神环境的创设。缺乏良好的精神环境会导致幼儿被动学习，以及无法在幼儿园获得安全感与归属感，不利于幼儿心理的健康发展，更不利于幼儿后续的全面发展。物质环境是幼儿园进行保教活动的基础，而精神环境则是幼儿保教质量提升的关键。精神保育环境对幼儿身心发展的各个方面，如认知、自我意识、社会性等都具有深刻的影响，而且这种影响是时时处处都在发生的，不论是直接作用还是间接作用，也不论是积极影响还是消极影响。积极健康的精神保育环境，更容易让幼儿形成积极向上的个性特征，获得良好的交往技能。

创设精神保育环境，主要包括创设良好的人际环境以及形成良好的一般日常规则与行为标准。创设人际环境的中心是建立融洽、和谐、健康的人际关系，它包括保育师与幼儿之间、幼儿与同伴之间、保育师与教师之间、保育师老师与家长之间的关系等。

健康的精神保育环境的重要标志包括能使幼儿产生心理安全感与心理自由感，表现出轻松愉快的状态；能使幼儿的好奇心、创造动机和兴趣等心理需要得到满足；能使幼儿乐于表达或交流思想与情感，学会关心同伴、共享玩具、相互尊重；能使幼儿产生遵守纪律和活动规则的心理需要。

在幼儿园各种人际关系中，师幼关系是最重要的。著名教育家赞可夫说过，"就教育效果而言，很重要的一点是看师生关系如何"。保育师不但要对幼儿进行有效的生活服务，提高他们的生活自理能力，还必须从对幼儿的支持、肯定、接纳、表扬、鼓励、关注、信任等方面着手加强，多给他们自由，多让他们自主，与他们建立平等、亲密、融洽的关系，满足幼儿对爱和安全的情感需要。

（二）幼儿园精神保育环境的创设方法

1. 营造优美整洁的环境氛围。

优美整洁的幼儿园环境氛围，可以唤起幼儿对生活的热爱，陶冶幼儿的情操，培养幼儿的良好习惯，充实幼儿的生活内容，让他们能自由地在周围世界无限探索。优美整洁的环境氛围应该具有安全、卫生、舒适、实用等特点，周围环境应做到绿化、美化、净化、儿童化和教育化。

2. 营造体现现代教育思想的氛围。

营造体现现代教育思想的氛围，保育师需要树立体现现代教育思想的儿童观和教育观，必须对幼儿的身心发展特点有全面透彻的了解。保育师需要知道幼儿的需要和想法，与幼儿进行良好地沟通，对幼儿有真挚的爱，并让幼儿理解老师的想法，创造爱的氛围。

（1）热爱并呵护每一个孩子。

作为保育师，热爱幼儿是其热爱教育事业的直接表现，是照顾、教育幼儿的必备条件。这种爱是有原则的、公正的、有理智和有分寸的，不掺杂个人的好恶，不对幼儿姑息迁就，以真诚、热爱、关怀和宽容的态度去对待每一个幼儿。

（2）为幼儿营造一种宽松、和谐的心理环境。

保育师在幼儿园里扮演着支持者和引导者的角色，对幼儿的健康成长具有重大影响。因此，保育师和幼儿建立轻松、愉快的良好关系非常重要。

① 在情感上尊重幼儿。这是幼儿和保育师建立良好关系的基础，是培养幼儿良好行为的基本条件。保育师要尽量理解幼儿的各种情感需要，以支持、尊重、肯定的情感态度对幼儿的行为做出积极反应。

② 以民主的态度对待幼儿。允许幼儿表达自己的想法和建议，不压制、不命令，使幼儿能积极、主动、大胆、自信地表达。保育师随时以亲切的语言、赞赏的目光、友善的

态度与幼儿以平等的身份相互交往。这种宽松、自由的心理环境有利于幼儿各方面能力的发挥。

③ 以多种适宜的身体语言、动作方式来表示对幼儿的关爱。在与幼儿接触时，最好保持较近的距离和视线的接触，通过微笑、点头、注视、肯定性手势、抚摸、轻拍头部和肩膀等无声胜有声的方式（如图4-11所示），让幼儿感受到来自保育师的关心、接纳、鼓励。

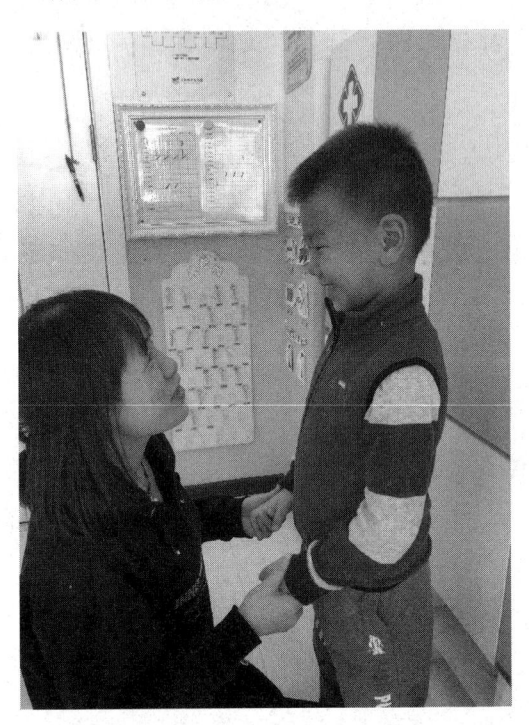

图4-11 保育师老师使用肢体语言与幼儿交流

（3）指导幼儿之间建立良好的关系。

保育师要培养幼儿礼貌待人、团结友爱，同伴之间相互关心、共同交流思想情感等行为，创造良好的幼儿园精神保育环境。

① 鼓励幼儿相互交流感情和思想。大部分幼儿都存在以自我为中心的倾向，不善于观察他人的情感和需要，对他人的情感态度缺乏了解和认知，导致幼儿普遍缺乏同情、抚慰、关心、帮助等亲社会行为。保育师应鼓励幼儿相互交流思想感情，了解他人的需求，从而产生合作、帮助的行为，同时从帮助同伴的行为中学到为人处世的方法。

② 引导幼儿建立友爱、互相关心的氛围。引导幼儿学会正确地关心他人的方式，形成同伴间友爱、相互关心的良好气氛。保育师应在日常活动的每一个环节，将对幼儿的培养贯穿其中。对那些因性格内向、不善于与他人交流的幼儿，保育师要鼓励他们多和其他幼儿交往，培养他们的自信心。也可鼓励其他幼儿和不善于交往的幼儿交往，让同伴帮其建立自信心。

（4）树立保育师与教师之间良好的交往形象。

成人的行为往往对幼儿的行为产生直接影响，保育师和其他教师的交往是幼儿与同伴交往的重要榜样。保教老师要做到互相合作、互相帮助、互相抚慰、互相关心，营造温情的气氛，幼儿在耳濡目染之下，也会产生这样的行为并且长期稳定下来。

（5）建立保育师老师与家长良好的交往关系。

幼儿园的各项教育都离不开家长的配合，保育师与家长的关系直接影响到保育师和幼儿的关系。保育师要经常和家长交流，相互学习，取长补短，达成共识，携手教育好幼儿。

除此以外，还应形成良好的幼儿园风气，幼儿园的日常规则、一般行为标准也是精神环境创设的重要部分。

小贴士：

如何引导幼儿学习社会交往技能？

① 移情教育

所谓移情，就是设身处地为别人着想。在日常生活中要引导幼儿注意"自己的行为给别人带来的影响"。比如，幼儿打了别的小朋友，要让他知道被打的小朋友在伤心；让幼儿主动把玩具让给别人玩，要让他体会分享的乐趣。移情教育使幼儿更具有同情心，在与人交往中会更友好、更合群、更乐群。

② 分享与合作

多给幼儿创造一些在情境中、游戏中合作的机会，让幼儿学会等待、商量、尊重、分享等交往方法。对于个别社会交往技能弱的幼儿，可采用具体交往事例、故事讨论和及时强化的方法，增强其交往技能和交往主动性。

③ 恰当的自我评价

家长或老师对儿童的批评或表扬要恰当，尤其是批评，要本着"否定行为，肯定人"的做法，保护幼儿的自尊心。这样既不使幼儿感觉"自己什么都不行"而产生自卑感，也不会觉得"自己什么都好"，什么事情都要以自我为中心。

组织实施

一、做好环境创设前准备

1. 与教师一起认真研究教育计划，根据计划要求和幼儿的年龄特点、班级特色和保教老师的特长确定创设思路和方案，以课程内容、教育目标、幼儿发展为依据，从幼儿的需求和视角出发，考虑安全性和空间环境的充分利用。

2. 充分利用生活、家庭、幼儿园中的资源，与教师、幼儿、家长一起准备安全环保的创设材料。

3. 根据需要准备所用的工具，排查安全隐患。

二、做好环境创设过程中的组织与配合

1. 协助教师创设安全、自由、宽松、和谐的学习环境,为幼儿提供有效的操作材料(大多是废旧材料),指导幼儿合理使用工具,启发引导幼儿单独或组合使用材料,支持、组织幼儿参与设计、参与布置、参与操作的过程,注意装饰手段的多样化,最大限度地调动幼儿的积极性,支持与提高幼儿求异表现的能力,从而让幼儿乐于创造,乐于探索。

2. 允许幼儿出错,因地制宜,协助教师对幼儿的作品进行加工、美化和修饰,体现出作品的层次性和内在的逻辑性,在符合幼儿审美需要的同时充分考虑教育价值。

3. 观察幼儿的参与情况,协助没有参加环境布置的幼儿参与活动。

三、环境创设结束后的整理与维护

1. 协助教师组织幼儿一起清理场地,整理剩余材料。
2. 将剩余材料、工具归位。
3. 组织幼儿洗手、如厕、饮水。
4. 引导幼儿与环境对话,巡视维护环境,发现问题及时解决,为拓展、修正、提升环境做好准备。

评价反思

表4-11 模拟协助幼儿环境创设的保育任务评价单

评价项目	评价要求	星级
活动前的准备	活动场地安全隐患排查	☆☆☆
	创设思路和方案确定	☆☆☆
	创设材料和工具准备	☆☆☆
活动中的组织与配合	关注所有幼儿参与状况	☆☆☆
	启发引导幼儿参与	☆☆☆
	协助进行作品美化修饰	☆☆☆
活动结束后的整理	清理场地	☆☆☆
	剩余材料、工具归位	☆☆☆
	盥洗、如厕、饮水等保育护理	☆☆☆
	巡视维护环境	☆☆☆
	活动效果反馈	☆☆☆

备注:优秀涂3颗星,良好涂2颗星,达标涂1颗星,未达标不涂星。

测一测

一、判断题（将答案写在括号内，正确的打"√"，错误的打"×"）

（　　）1. 幼儿园环境是一种特殊的环境，既是教育环境，也是幼儿身心成长的环境。

（　　）2. 辅助教师为幼儿创设安全卫生、自由和谐、温馨舒适的物质和精神环境是保育师老师重要的工作内容之一。

（　　）3. 幼儿教育的特殊性决定了幼儿园环境必须以保教老师的设计为出发点和归宿。

（　　）4. 保育师辅助教师环境创设的重点在室外环境。

（　　）5. 物质环境是幼儿园进行保教活动的基础，是幼儿保教质量提升的关键。

二、单项选择题（从给出的选项中选出一个正确选项的字母填在括号内）

1. 以下不属于幼儿园环境的特点的是（　　）。
   A．安全性与儿童性　　　　B．游戏性与生活性
   C．教育性与潜移默化性　　D．自然性与封闭性

2. （　　）是幼儿园环境最突出的特点。
   A．安全性　　　　　　　　B．游戏性
   C．教育性　　　　　　　　D．互动性

3. 幼儿园物质保育环境创设的方法有（　　）。
   A．教育性与趣味性相结合
   B．可操作性与创造性相结合
   C．充分利用时间与重视幼儿参与
   D．以上都是

4. 在幼儿园各种人际关系中，（　　）关系是最重要的。
   A．保教老师与幼儿　　　　B．老师之间
   C．幼儿与幼儿　　　　　　D．保教老师与家长

5. 为幼儿营造一种宽松、和谐的心理环境，保育师要做到（　　）。
   A．在情感上尊重幼儿
   B．以民主的态度对待幼儿
   C．以多种适宜的身体语言动作方式来表示对幼儿的关爱
   D．以上都是

学习情境五

幼儿园一日生活保育综合实践

情境学习目标

1. 掌握幼儿园一日活动中保育工作的内容和方法，贯穿保教结合的原则。
2. 能够严格执行幼儿园安全、卫生保健制度。根据保育工作要求，做好幼儿饮水、进餐、睡眠、盥洗、如厕等生活环节的保育工作，促进幼儿身心健康发展。
3. 树立正确的教育观、儿童观。养成不怕苦、不怕累、不怕脏的良好职业品质。懂得规范操作的重要性，体会保教结合的重要意义，在工作中强化保教结合的职业意识。

学习导语

幼儿园一日生活保育综合实践是一门实践课，是学前教育、幼儿保育专业的学生，将理论知识、专业技能运用于幼儿园保育实践工作中，培养良好的职业道德和修养，树立正确的健康观、保育观、儿童观，掌握保育工作的内容和方法，从而具备从事幼儿保育工作能力的实践活动。

工作情境描述

幼儿园一日活动是幼儿从入园到离园的一天时间里，在幼儿园室内外各个空间里所发生的全部经历。作为幼儿园保育老师，从迎接幼儿入园准备开始，就开启了一日的工作。在生活上满足幼儿基本活动需求，包括幼儿入园、进餐、饮水、盥洗、如厕、睡眠、离园等环节的照护，在体育、游戏、学习活动中配合班级教师，做好幼儿照护和个别指导。

幼儿园一日生活保育综合实践准备及实施

学习目标

1．知识目标：
（1）说出幼儿园一日生活保育综合实践的目标、内容、方法和要求。
（2）熟知保育师在幼儿园各项活动中的工作细则。
2．能力目标：
（1）能够做好保育综合实践的师德修养准备、实践心理准备。
（2）能够做好保育综合实践的专业知识、专业技能准备。
（3）能够按要求完成保育综合实践活动。
3．素质目标：
强化关爱幼儿、保教并重的思想，认同幼儿园一日生活保育对促进幼儿终身发展的重要意义。

学习导语

充分的实习实践准备是确保实习实践工作顺利开展的重要保障。实习准备包括师德修养准备、专业知识与技能准备及实习心理准备。其中，师德修养准备是前提，专业知识与技能准备是基础，实习心理准备是实习取得成功的重要因素。

引导案例

2022年6月，学校召开2021级学生入园保育综合实践活动交流会，邀请了幼儿园园长、实习指导教师参会。会上幼儿园园长们提出学生在综合实践中存在以下问题：

1．心理落差严重。一些学生对实习认识不够深刻，认为幼儿园安排的清洁、打扫等工作低端，导致一些学生认为自己没有得到"理想"的实践机会，从而产生心理落差。

2．适应能力差。一些学生无法实现自身角色从"学生"到"老师"的转变，不能主动从工作中积累经验、吸取教训，实现自我提高。在工作中缺乏自信心、责任心和主动性，不能积极主动地参与实践、履行幼师职责，大大降低了实践的效果。

3．在礼仪方面有所欠缺。学生在校时不注意严格要求自己的行为举止，没有按照准保教老师的要求来规范自己的日常行为，在幼儿园不能服从幼儿园的管理。

从园长们的反馈，你觉得做好保育综合实践，应该做好哪些准备？

学习探究

一、做好师德修养准备

（一）关爱生命

教师是一种十分特殊的职业，它是一项直面生命和提升生命价值的事业，对生命负责，对生命成长负责，赋予了教师工作无与伦比的独特性和重要性。

（二）关爱幼儿

对幼儿的关爱是保教老师所特有的一种职业情感，是良好师幼关系发展的基础，是保教工作高质量完成的保障。在实践期间，要做到尊重幼儿的人格和主体性，平等公正地对待每一位幼儿，促进幼儿的全面发展。具体可从以下几个方面着手，在行动中表达对幼儿的关爱。

1. 了解幼儿的身心发展特点。只有了解幼儿的身心发展特点，才知道如何与他们沟通交流，从而更好地为他们服务。

2. 热爱每一个幼儿。每个幼儿都应该被关爱，教师的爱也应该是一视同仁的，不存在偏见。

3. 注重传递爱的信息。只有一颗热爱幼儿的心是不够的，我们可以通过拥抱、倾听、微笑、赞赏等方式来传递爱。

4. 细心关注幼儿。保教工作要细心观察幼儿的身体健康情况及情绪的细微变化，做好幼儿的保育工作。

5. 用高度的责任心对待幼儿。注重在日常生活中对幼儿进行安全教育，时刻保持高度的责任心，敏锐发现并及时化解环境中可能存在的安全隐患。

（三）为人师表

要求保教老师在个人品格方面，做到坚持原则，公平公正；在仪表方面，做到衣着整洁，大方得体，符合幼儿教师身份；在文明习惯方面，做到使用礼貌用语，举止文雅、端庄，不参加、不组织不文明的活动。幼儿的好奇心、模仿性极强，保教老师要用自己的实际言行给幼儿做榜样。

（四）爱岗敬业

作为未来的保教工作者，要有强烈的职业认同感，深刻认识到自身在幼儿发展过程中的价值和作用。保教工作者要热爱学前教育事业，具有职业理想，践行社会主义核心价值观，履行教师职业道德规范，关爱幼儿，富有爱心、责任心、耐心和细心，为人师表，教书育人，自尊自律，做幼儿健康成长的启蒙者和引路人。

保教老师还要正确处理与领导、同事、家长之间的关系，做到互相尊重，互相学习，团结一致，密切配合，共同促进幼儿教育事业的发展。

（五）遵规守纪

实习期间，我们一定要强化纪律意识，认真学习、严格遵守国家、学校、实习园所的相关管理规定，并在实践活动中遵守规章制度。

二、做好心理准备

（一）转换角色的准备

学生进入幼儿园综合实践时具有双重身份。对于幼儿来说，实习生是教师；对于幼儿园实习指导教师来说，实习生又是学生。因此，实习生要明确自己角色的义务和责任，做好心理准备，尽快适应新的角色，调整好自己的心态和情绪，积极投入工作中。

（二）吃苦耐劳的准备

保教老师担负着保育和教育的双重任务。由此可见，幼儿园保教老师的工作任务是繁重的，也是琐碎的。实习生在实习时要做好吃苦耐劳的准备，不拈轻怕重，不怕脏，不怕累，要眼勤、嘴勤、手勤、脚勤。

（三）谦虚好学的准备

实习生要多向幼儿园实习指导教师虚心学习，多问、多看、多听，多记录、多思考。

（四）不怕困难的准备

实习期间会很辛苦，还会遇到一些困难。这些困难有的来源于幼儿，有的来源于教师，有的来源于自身，实习生要做好不怕困难的心理准备。遇到困难，要勇敢面对，自己解决不了的问题，寻求幼儿园实习指导教师和学校带队教师的帮助。

三、做好专业技能准备

保教老师的专业技能是幼儿教师职业能力的突出体现，它包括弹、唱、跳、画、讲、演、做、观察等方面的实际操作能力。

（一）会弹

保教老师应至少会用一种键盘乐器（钢琴、手风琴、电子琴等），能正确、熟练地演奏幼儿歌曲，并能自弹自唱（如图5-1所示）。

（二）会唱

保教老师应掌握基本的唱歌技能，包括正确的姿势、发音，以及丰富的表情，这样才具有表现力（如图5-2所示）。

（三）会跳

保教老师应会编、会跳幼儿舞蹈，能教给幼儿基本的舞蹈动作和节奏等（如图5-3所示）。

（四）会画

保教老师应具备会画简笔画和综合主题画的能力，会教幼儿绘画并共同布置幼儿园环境

（如图 5-4 所示）。

图 5-1　会弹

图 5-2　会唱

图 5-3　会跳

图 5-4　会画

（五）会讲

保教老师应具备良好的语言表达能力，包括会说普通话、会讲儿童故事、会说课等（如图 5-5 所示）。

（六）会演

保教老师能策划、组织幼儿表演舞台剧、绘本剧等（如图 5-6 所示）。

图 5-5　会讲

图 5-6　会演

（七）会做

保教老师能根据各种活动的需要，利用各种材料制作一些教具和玩具。例如，能按图纸完成剪纸作品；能用常用的超轻黏土、软陶等泥工材料，完成动、植物或日常用品的造型设计（如图 5-7 所示）。

（八）会观察

保教老师要想更好地服务幼儿，就要先了解幼儿。这就要求保教工作者具备敏锐细致的观察能力，在与幼儿相处的过程中，细心观察他们身体健康情况及情绪的微小变化，及时、有效地给予幼儿生活照顾和情感呵护，更好地服务幼儿。另外，在实践中，还要观察保育老师的工作，学习保育老师工作方法和技巧（如图 5-8 所示）。

图 5-7　会做 　　　　　　　　　　　图 5-8　会观察

四、全面掌握幼儿园一日生活保育综合实践工作细则

（一）入园

1．开窗、准备好饮用水。

2．做好室内卫生。

3．调节室温及采光。

4．准备好擦拭幼儿园桌椅的消毒水、抹布。

5．观察并了解幼儿的情绪。

6．组织值日生有序、认真地摆放餐具。

7．对幼儿进行礼貌教育。

8．主动和幼儿及家长打招呼。

9．按幼儿园要求开展晨检工作。

（二）盥洗

1．协助教师检查幼儿是否按正确的方法洗手。

2．提醒幼儿使用毛巾擦手。

3．洗净幼儿水杯及毛巾并进行消毒。

4．教育幼儿节约用水并教会他们正确使用肥皂（洗手液）洗手。

（三）如厕

1．允许幼儿随时如厕。

2．协助教师引导幼儿如厕。

3．对不能很好控制大小便的幼儿，耐心教育并及时为他们更换、清洗衣物。

4．协助教师培养幼儿大小便的好习惯，便后用肥皂（洗手液）洗手等。

5．观察幼儿大小便情况，发现异常情况及时报告给教师。

（四）进餐

1．做好开饭前的准备工作和饭后的整理工作。

2．照顾幼儿进餐，根据幼儿的食量，及时为幼儿添加饭菜，让幼儿吃饱、吃好。

3．掌握好身体不适幼儿及病愈后幼儿的食量。

4．关照吃饭慢的幼儿。

5．教会幼儿使用餐具和进餐时的正确姿势。

6．创设安静、愉快的进餐环境。

7．协助教师培养幼儿良好的进餐习惯。如不挑食、不浪费粮食，保持桌面和衣服的干净整洁，专心吃饭等。

（五）午睡

1．为幼儿准备好午睡所需要的床铺和被褥。

2．保持室内空气流通和适宜的温度，掌握好开窗和关窗时间。

3．协助教师培养幼儿良好的午睡习惯。比如，睡前上厕所，将脱下的衣物叠放整齐并放在固定的地方，进入睡眠室要安静，不大声说话，不带玩具上床等。

（六）起床

1．协助教师照顾幼儿起床，并在幼儿离开睡眠室后整理床铺及开窗通风。

2．根据气候变化为幼儿增减衣服。

3．协助教师帮助幼儿穿好衣服，鼓励并教会幼儿自己穿衣和叠被。

（七）喝水

1．全天备足温度适宜的饮用水，供幼儿随时饮用。

2．在日托班每日两次的集体饮水时，协助教师照顾幼儿取水及饮水。

（八）户外活动

1．协助教师为幼儿做好场地、运动器具等的准备工作。

2．协助教师为幼儿做好户外活动前的必要准备，包括如厕、增减衣服、整理装束、系好鞋带等。

3．照顾因身体不适不能参加活动的幼儿。

4．协助教师在户外活动时照料幼儿。

（九）游戏活动

1．游戏前配合教师准备游戏场地和玩具材料。

2．保持游戏环境的安全与卫生。

3．教师组织集体游戏时，照顾个别幼儿参加游戏活动。

4．配合教师在游戏中观察幼儿，有针对性地给予帮助和教育。

（十）教育活动

1．根据不同教育活动的需要，配合教师做好准备工作。

2．在活动中观察幼儿的身体、情绪及参与活动的情况，必要时给予个别照料。

3．在幼儿进行操作活动时，按教师的要求给予帮助和鼓励，避免过度帮助和代替。

4．教育活动结束后协助教师整理环境卫生。

（十一）离园

1．协助教师检查或帮助幼儿整理衣服及带回家的物品。

2．关注幼儿情绪，与教师配合做好交接幼儿的工作，确保幼儿安全。

3．整理教室，做好结束工作。

组织实施

1．入园前准备，请完成晨间清洁消毒工作，并填写记录表。

	工作内容	具体工作方法及标准
晨间清洁消毒	（1）开窗通风	
	（2）室内清洁	
	（3）餐桌消毒	
	操作体会：	

2. 接待幼儿来园，并完成记录表。

	工作内容	具体工作方法及标准
接待幼儿入园	（1）接待幼儿和家长	
	（2）观察幼儿状态	
	（3）指导幼儿摆放自己物品	
	（4）指导幼儿洗手	
	操作体会：	

3. 组织幼儿盥洗，并完成记录表。

	工作内容	具体工作方法及标准
指导幼儿盥洗（刷牙）	（1）指导幼儿漱口	
	（2）指导幼儿刷牙	
	（3）指导幼儿整理洗漱用具	
	操作体会：	

4. 组织幼儿如厕，并完成记录表。

	工作内容	具体工作方法及标准
幼儿如厕保育	（1）提醒幼儿如厕	
	（2）组织幼儿如厕	
	（3）指导幼儿如厕	
	操作体会：	

5. 组织幼儿进餐，并完成记录表。

	工作内容	具体工作方法及标准
幼儿进餐保育	（1）做好餐前准备工作	
	（2）组织幼儿进餐	
	（3）指导幼儿使用餐具	
	（4）培养幼儿用餐习惯	
	（5）餐后整理	
	操作体会：	

6. 指导幼儿喝加餐奶,并完成记录表。

	工作内容	具体工作方法及标准
指导幼儿喝加餐奶	(1) 幼儿喝奶前准备	
	(2) 组织幼儿喝奶	
	(3) 幼儿喝奶后清洁	
	操作体会:	

7. 组织幼儿饮水,并完成记录表。

	工作内容	具体工作方法及标准
指导幼儿饮用定量水	(1) 准备饮用水	
	(2) 组织幼儿喝水	
	(3) 幼儿饮水后清洁	
	操作体会:	

8. 组织幼儿睡眠，并完成记录表。

	工作内容	具体工作方法及标准
幼儿午睡保育	（1）创设睡眠环境	
	（2）提醒幼儿睡前如厕	
	（3）观察幼儿午睡情况	
	（4）提醒幼儿起床，帮助、指导幼儿整理床铺	
	（5）睡眠室整理（整理床铺、擦地）	
	（6）特殊情况处理（尿床、发烧等）	
	操作体会：	

9. 教育活动辅助，并完成记录表。

	工作内容	具体工作方法及标准
户外活动常规辅助	（1）了解活动目标，协助班级教师做好活动前的场地、器械准备工作	
	（2）协助班级教师做好幼儿准备工作	
	（3）协助班级教师组织幼儿到达户外场地	
	（4）协助班级教师做好活动中的幼儿保护工作	

续表

	工作内容	具体工作方法及标准
户外活动常规辅助	（5）活动后组织部分幼儿整理场地器材	
	（6）协助班级教师组织幼儿回班	
	（7）提前做好过渡环节准备工作	
	操作体会：	

	工作内容	具体工作方法及标准
室内活动辅助	（1）课前准备	课程名称： 活动目标： 课前准备工作：
	（2）活动过程	
	操作体会：	

10. 组织幼儿离园，并完成记录表。

	工作流程	具体工作方法及标准
组织幼儿离园	（1）指导并帮助幼儿整理个人物品和仪表	
	（2）组织幼儿排队	
	（3）室内外地面等彻底清洁	
	（4）关闭门窗，检查水、电安全	
	操作体会：	

评价反思

幼儿园保育实习自评表

内容	考核标准	星级
组织纪律（10分）	严格遵守幼儿园规章制度，不随意请假，不迟到，不早退；服从带队老师和幼儿园指导老师的安排	☆☆☆
礼仪礼貌（5分）	符合幼儿教师仪表，服装整洁，有礼貌，亲切待人，语言规范，使用普通话交流	☆☆☆
实习态度（5分）	态度端正，做好实习的准备，全身心地投入到实习工作中	☆☆☆
热爱幼儿（10分）	热爱幼儿，尊重幼儿；能初步树立正确的教育观、儿童观	☆☆☆
一日生活的组织与保育（30分）	了解幼儿一日生活的常规；能初步协助保育师做好班级常规保育和卫生工作；初步了解处理幼儿园意外事故的方法	☆☆☆

续表

内容	考核标准	星级
教育活动的计划与实施（10分）	了解幼儿园教育活动计划和具体活动方案；能初步在教育活动中观察幼儿，根据幼儿的表现和需要，给予适宜的指导	☆☆☆
激励与评价（10分）	能关注到幼儿的日常表现；能初步运用多种方法，客观地、全面地了解和评价幼儿；能注重激发和保护幼儿的积极性和自信心	☆☆☆
沟通与合作（10分）	能初步与幼儿、教师、家长良好沟通；善于倾听，和蔼可亲；与其他实习生合作交流，共同分享经验和资源	☆☆☆
反思与发展（10分）	能主动收集相关信息，不断反思，进行总结；针对在实习中遇到的问题，进行思考和研究；积极向指导教师学习，不断提高自身的专业素质	☆☆☆

备注：优秀涂3颗星，良好涂2颗星，达标涂1颗星，未达标不涂星。实习生在自评时应客观、如实地对自己进行考核。

测一测

一、判断题（将答案写在括号内，正确的打"√"，错误的打"×"）

（　　）1．实习中，指导教师让干什么就干什么，肯定没错。

（　　）2．在一日生活保育中，允许幼儿随时如厕。

（　　）3．保教老师只要有一颗热爱幼儿的心就够了。

（　　）4．学生进入幼儿园综合实践时还是学生身份，只要认真观察、虚心请教就行。

（　　）5．保教老师的专业技能是保教老师职业能力的突出体现，要会弹、会唱、会跳、会演，能沟通、善观察。

二、单项选择题（从给出的选项中选出一个正确选项的字母填在括号内）

1．不属于入园环节保育工作内容的是（　　）。

　　A．开窗、准备好饮用水

　　B．做好室内卫生

　　C．调节室温及采光

　　D．协助教师检查或帮助幼儿整理衣服及带回家的物品

2．综合实践前，我们要做好充分准备，在沟通方面要（　　）。

　　A．会和幼儿沟通　　　　　　B．会和指导教师沟通

　　C．会和家长沟通　　　　　　D．以上都是

三、综合题

登陆教育部官网，查阅《幼儿园教师违反职业道德行为处理办法》，结合《幼儿园一日生活保育综合实践准备》学习内容，谈谈你的认识和看法。

参考文献

[1] 芦爱军. 幼儿园保育[M]. 北京：机械工业出版社，2018.

[2] 宋彩虹. 幼儿生活活动保育[M]. 上海：华东师范大学出版社，2020.

[3] 蔡军，刘恬. 幼儿园保育员高级研修十五讲[M]. 北京：清华大学出版社，2020.

[4] 张亚妮，王瑜. 幼儿园保育员胜任能力十五讲[M]. 北京：清华大学出版社，2020.

[5] 许琼华. 幼儿生活护理与保健实务[M]. 北京：中国人民大学出版社，2020.

[6] 祝黔. 幼儿园一日活动组织与健康活动设计[M]. 北京：机械工业出版社，2016.

[7] 万钫. 幼儿卫生学（3版）[M]. 北京：人民教育出版社，2009.

[8] 沈建洲. 幼儿园教育环境创设[M]. 上海：复旦大学出版社，2014.

[9] 北京师范大学实验幼儿园. 保育员工作指南[M]. 北京：北京师范大学出版社，2012.

[10] 宋彩虹. 学前教育专业保育实习[M]. 上海：华东师范大学出版社，2014.

[11] 曹美华. 婴幼儿保教实训与指导[M]. 上海：华东师范大学出版社，2014.

[12] 张静，张艳娟. 托幼园所保教工作入门[M]. 上海：华东师范大学出版社，2020.

[13] 张艳娟. 学前教育专业保育实习指导手册[M]. 上海：华东师范大学出版社，2020.

[14] 宋彩虹，蔡志刚. 幼儿园教育活动保育[M]. 上海：华东师范大学出版社，2021.

[15] 王小鹤. 学前教育专业教育实习手册[M]. 郑州：郑州大学出版社，2018.

[16] 伍香平，彭丽华. 幼儿园保育员工作指南[M]. 北京：中国轻工业出版社．2014.

[17] 唐春秀，王敏. 幼儿园一日活动组织与实施[M]. 北京：高等教育出版社．2013.

反侵权盗版声明

电子工业出版社依法对本作品享有专有出版权。任何未经权利人书面许可，复制、销售或通过信息网络传播本作品的行为；歪曲、篡改、剽窃本作品的行为，均违反《中华人民共和国著作权法》，其行为人应承担相应的民事责任和行政责任，构成犯罪的，将被依法追究刑事责任。

为了维护市场秩序，保护权利人的合法权益，我社将依法查处和打击侵权盗版的单位和个人。欢迎社会各界人士积极举报侵权盗版行为，本社将奖励举报有功人员，并保证举报人的信息不被泄露。

举报电话：（010）88254396；（010）88258888

传　　真：（010）88254397

E-mail：　dbqq@phei.com.cn

通信地址：北京市万寿路 173 信箱

　　　　　电子工业出版社总编办公室

邮　　编：100036